明
室
Lucida

照亮阅读的人

**How to Read
Derrida**

如何阅读德里达

[美] 佩内洛普·多伊彻 著   夏开伟 译

丛书主编寄语
该如何阅读"如何阅读"?

本系列丛书的策划基于一个非常简单但新颖的想法。大多数为入门者提供的关于伟大思想家和作家的导读性作品,要么只是讲述这些人从出生到死亡的生平传记,要么就是关于其主要著作的简介合集,或者二者兼而有之。"如何阅读"系列丛书的做法则恰恰相反;这套丛书会以专家指导的方式,带着读者去直面作品本身。这套丛书的出发点在于,为了接近一位作家的思想,读者必须接近他们使用的文字,并且被告知将如何读懂这些文字。

在某种程度上,该丛书中的每一本都是阅读上的一堂专家评讲课。每位作者都从作家的作品中精心挑选了十段左右的摘录,并以详尽的方式进行研习。丛书作者以这种方式来展现作家们的中心思想,也以此打开了进入其思想世界的大门。这些摘录有时会以时间顺序编排,让读者依照时间脉络去了解思想家的思想发展历程;而作者有时也会打破这种编排方式。这套丛书不是对某位作家最为著名的段落、"最为成功的观点"进行简单的合编,而是提供了一系列线索或钥匙,使读者凭借它们便可以自己继续阅读和钻研,并拥有自己的发现。除去文本和阅读材料,每本书还会提供一张简短的年表,并推荐一些进阶阅读的书目和网络资源等。"如何阅读"系列丛书无意告诉读者有关弗洛伊德、尼采、达尔文,或是莎士比亚或萨德侯爵的一切,但一定会为读者的进一步探索提供最好的起点。

对于那些伟大的思想,它们早已为我们勾勒出了一大片智识、文化、宗教、政治和科学方面的图景,现在市面上已经有很多对它们进行研究的二手材料了。但"如何阅读"系列丛书却有着与它们不同的做法,该系列丛书提供一系列与这些伟大思想发生碰撞的新机遇。因此,我们希望这套书可以在指引读者的同时不失趣味，让大家在阅读时充满信心、欢欣鼓舞，同时还要享受阅读。

西蒙·克里奇利

纽约社会研究新学院

致 谢

非常感谢克里斯蒂娜、迈克尔和皮普的建议与帮助。同时,感谢西蒙的意见。感谢格兰塔图书的贝拉孜孜不倦的编辑工作,感谢科莱特的耐心审阅和细致检查,同时还要感谢乔治的帮助。

目 录

导　言　001
第一章　解构性阅读　007
第二章　作为干预的阅读　029
第三章　延异　047
第四章　未决　065
第五章　文化、性别与政治　079
第六章　交流的语境　093
第七章　哀悼与好客　111
第八章　给予与原谅　131
第九章　正义与法律　149
第十章　完满性　167

年　表　187

推荐资料　193

参考书目　205

索　引　213

导 言

2004年,在对外宣布74岁的哲学家雅克·德里达的逝世消息时,法国总统雅克·希拉克的办公室将德里达称作"我们时代智性生活的重要人物之一"。在国际上,德里达被公认为是20世纪后期最重要的法国哲学家。他出版了40余部专著,是两部电影的主人公,也是媒体争相讨论的话题。他还深刻地影响了诸多学科和研究领域——包括教育、性别、法律、文学、数学、政治、心理学、族裔,以及神学等。由他创造的术语"解构"(deconstruction)已经被收录进法语词典和英美词典,还出现在伍迪·艾伦的一部电影以及"斯克里蒂·波利蒂"乐队(Scritti Politti)的一首流行歌曲中,同时还是一种建筑和时尚风格。自存在主义之后，鲜有哲学著作产生过这种程度的跨学科吸引力和流行魅力。

20世纪40年代，雅克·德里达还是阿尔及利亚的一名犹太青年，当时的法国受到了德国占领的影响，其殖民政权染上了反犹性质。在此期间与之后，德里达孜孜不倦地阅读了大量法国经典和先锋的文学作品，以及哲学著作：从卢梭到纪德、瓦莱里和加缪；从克尔凯郭尔到尼采、海德格尔和萨特。他希望自己可以成为一名作家。在巴黎，他接受了哲学训练。随后作为一名大学教师进入法国学术体系，尽管他起初并没有获得博士资格，却通过了一项竞争颇为激烈的国家级测试。他随后才获得博士学位（申请该博士学位的论文便成了德里达于1967年出版的《论文字学》），然后又取得了第二个博士学位（国家论文）。德里达的国家论文直到23年后才得以提交。他打趣说，这是他有意为之的，目的是让它成为自己"最后的论文答辩"。

这段延迟，以及这位国际知名哲学家50多岁时的"论文答辩"，也是他与学术机构之间"爱恨情仇"的一种反映。中学时的德里达虽然是班上的尖子生，却遭到了开除，因为学校将犹太人的比重降至百分之七。面对粗暴的种族歧视，德里达在那段时期只能避开原来的学校，而不得不去一所专门为犹太师生开办的学校。当他有机会重回以前的学校时，（据他后来对自己的描述）他成了一名沉溺于英式足球的坏学生，第一次参加学校的毕业考试时都未通过。但他第二次参加考试时发挥得相当好，成功进入法国高等教育象牙塔的顶端。

他随后在巴黎的求学生活既孤寂又苦闷。间歇性抑郁症、神经质焦虑，以及在安眠药和安非他命之间的拉锯战，导致他在1950、1951和1955年的考试上连连失利。但他发表的第一篇文章为他赢得了让·卡瓦耶奖（Jean Cavailles Prize）。这是一篇导读性质的文章，附在1962年德国哲学家埃德蒙·胡塞尔《几何学起源》的法语译本中。该文章关注的是语言的重要性以及胡塞尔式"理念"（ideality）的差异性。在这两年内，德里达对哲学与文学之间的交集很感兴趣，而关于这方面的思考也已在他的著作中成形，并融入他惯用的文体实验。德里达的声誉便是源自这些非传统的学术著作。

虽然说德里达早期关于胡塞尔的文章受到了哲学家

们的好评，但随后还是有很多人持保留意见。德里达写作的那个时期，学术界对维系学科边界有着强烈的执着。德里达力争人们不该如此严苛地遵守边界，而他自己的著作已公然打破这些边界。尽管德里达当时已经誉满法国乃至全球，但他还是坚持做一名异见者。

德里达早期摇摆于令人吃惊的失败与耀眼的成功之间，他之后举世的名声也是对这份摇摆的真实写照——在国际上，有人对他高歌赞扬，也有人对他公然抨击。譬如，关于他的讣告，《卫报》的一篇文章对其评价非常全面、精准且充满敬意；相比之下，《纽约时报》的一篇文章对德里达展开了严厉的批评，以至引来4000人签字的联名抗议。德里达曾经获得过大量的学术荣誉，其中包括尼采奖、阿多诺奖，以及众多大学的荣誉学位。然而，其中最特别的当属剑桥大学颁发的荣誉，这份荣誉的竞争者中有一些是该校的教授。法国总统对他逝世消息的宣告也可算作给予他的一种荣誉，尽管法国公立大学系统在德里达生前拒绝授予他任何职位，他生前也从未与法国学术机构有过愉快的相处。

另一份讣告照应了勒内·韦勒克的话，即德里达对他而言推动了对"知识和真理概念"(Wellek 2005，44*)的解构；用佩姬·卡穆夫的话来说，德里达对她而言"在人文学科领域开辟了一条进行严肃智力工作的途径，与此同时还不忘'对权力的滥用做出及时的回应'，这便满足了人们参与政治的需求"(McLemee 2004)。同样，面对德里达的思想，《如何阅读德里达》的读者也很可能步入两条迥异的道路。有些读者可能会对他的风格和他阅读的方式感兴趣，正如另一些读者可能会抵制那些看似荒谬或不现实的部分。德里达可能会赞同德鲁西拉·康奈尔和朱迪斯·巴特勒的观点，"常识不具有任何激进性"(Butler 1999，xviii)。由于德里达喜欢让那些耳熟能详的东西看上去焕然一新且奇特异常，因此，对他那富有争议性的文本，我们也不应该表现得大惊小怪。

解构通常被认为是一项拆解和废除的行为。诚然，在德里达看来，一个论点、一个个体，抑或一个机构对

---

* 该页码为文献的原书页码,具体对应的参考文献信息请参见后文的"参考书目"部分。下同。——本书脚注皆为译者注

自己的描述并不一定会有最令人信服的权威性。在我们遭遇自我再现（self-representations）时，德里达认为我们应当认真聆听，并好好训练我们的批判能力，让我们看上去有点像精神高度集中的治疗师或精神分析师。解构会告诉我们，那些我们最为熟悉的文本和论点都会留有一些我们看不见和预料之外的东西，有内在的矛盾观点、值得商榷的空间以及其他的选择余地。留意到这些，德里达便已然改变了我们对身边熟悉事物的理解。尽管解构有时会被认为是一项消极甚至虚无的运动，但德里达强调说，它是一种肯定的且具有潜在变革能力的阅读方式。

第一章　解构性阅读

要将内在的纯粹性复位，我们需要确立一个前提：我们可以毫不含糊地控告外在性是一种增补（supplement），虽然它无关本质，却处处有害，作为一种剩余，它从一开始就不应该出现，更不应该被添加进内在的原初充盈。只有保证了这个前提，内在的纯粹性才能恢复……以至药（pharmakon）本不应该出现，它不应该被添加和附加成一种文字寄生（literal parasite）：一个字母将自身安置在一个活生生的有机体内，前者从后者身上抢夺养分（nourishment）。……为了治愈药的后者，并让它摆脱寄生状态，我们因此需要将外部复位。让外部继续在外部。故而，书写必须回到一种状态，那便是它必须从未停止过成为：一个附属物、事件和一种过剩。

——Derrida 1981A，128

　　这段源自《撒播》的摘录可以说明阅读德里达的作品会是怎样一种挑战。德里达在此处描述的正是一种"内部"的纯粹性受到某种威胁的语境。德里达有很多著作都涉及到纯粹性的理念（ideals of purity），这些理念来自宗教、哲学、公共政策、遗传学，以及其他众多领域。尽管就上段引文而言我们并不能做出任何判定，但德里达对于这类理念表现出了深深的怀疑。

　　在《撒播》中，德里达描述的正是一种对纯粹性的执迷，而这份执迷源自古希腊哲学家柏拉图。德里达感兴趣的是——我们如何改变自己所继承的思想遗产。因此，他的著作常常是对其他作家和哲学家的回应。经由他的再创造，这些作家和哲学家的思想会变得焕然一新。德里达的职业始于对哲学史和20世纪文学名人的阐释，尽管其后期大部分著作讨论的是日常问题和政治（我们稍后会有谈及）。一开始阅读德里达便将我们卷入了双重麻烦：我们必须对德里达和柏拉图都有所了解。

无论是对柏拉图还是今日的我们而言，纯粹性的理念都早已是司空见惯的了。在《向毒品开战》（"war on drugs"）中，德里达声称"我们发现了一种欲望，它组成了……'理念的身体'（ideal body）、'完满的身体'（perfect body）。一个纯粹的身体会是一个远离毒品的身体"。德里达鼓励我们去质问和审视这个理念的自洽性。我们可能会得出以下结论：那种被想象成一种理念的纯粹的身体，根本就不存在。我们的身体从来都不具有一种"统一的和原初的自然性"（Derrida 1995B，244）。我们的身体早已暴露在环境的毒素中，早已将各种合法却"非自然的"物质和材料摄入并吸收。这不是要为在体育竞赛中使用违禁药物展开辩护，也不是为所有毒品和毒素进行辩解。然而，我们应该更为密切地关注自己表露的倾向：我们在贬低某些身体——那些摄入非法毒品的身体，同时还在拔高一种幽灵般的理念——一种远离毒品的身体。我们可能会找到一些很好的理由来取缔毒品和毒素，但在德里达看来，这些理由不应该携带一个虚假的托词,那便是我们可以获得一具自然的身体。

3 德里达认为,我们在不断拔高原初性和纯粹性的幽灵式理念。一具自然且远离毒素的身体恰好是个范例。我们会觉得这样的一具身体受到了威胁。原因在于,我们觉得对于一具身体而言,毒素是人工的、外在的污染物,我们可以说这里出现了一组对立:内部与外部的区别由此得以建构。这里出现的问题是:"如何去恢复内部的纯粹性?"显而易见的回答貌似是通过禁毒。媒体和政治告诉我们,纯粹性可以得到恢复,如果——正如德里达所说——"我们可以毫不含糊地控告外在性是一种增补"。

德里达并不觉得纯粹性是可以恢复的。禁止和贬损外在的毒素是一种手段,但它并非是对纯粹性的保护,而是对关于纯粹性的观念(idea)的保护。毒品给了我们一些可以进行苛责的东西,通过转移我们的注意力,我们不再关注是否存在过一个"自然的"身体的问题。难道所有的身体不总是在一定的程度上是非自然或受到污染的吗?(譬如,通过污染物、非"自然的"食物和饮品、药品、医疗介入,以及社会可接受行为向我们提出的服从要求。)对一种理念的拔高不过是一条偷懒的捷径。这里便会出现一个更为复杂的问题:哪种毒品、哪种毒素、哪种介入,以及哪种修订是我们应该接受的?我们又该拒绝哪些?以及这一切又该出自何种立场?如果说相关的理念很容易遭受质疑,正如德里达在纯粹的身体的例子上所示,那么,我们就必须努力设法解决自己想要逃避的责任。问题不在于我们"是否"要去接受一具受污染的身体,而在于是"哪个东西"污染了它?德里达认为我们应该展开一系列质疑,通过它们去探究那些幽灵式理念——探究它们是如何在一个特定文化的、历史的、政治的或文学的语境内暗中运作的。这些东西是否是自洽的、可能的?抑或仅仅是幻觉?我们该承认还是否认它们非自洽的本质?承认这些理念的不可能性又会为我们招致何种责任?

只要我们意识到某些东西(诸如自然、文化身份、原初性、上帝)有可能会被当成是纯粹的,我们便像德里达一样开始阅读了。或许一位讲话者或作者唤起了一种纯粹性的理念,或许我们只能通过"兴奋剂"(speed)*来间接地感知它,某些术语或个体借由"兴奋剂"被当作是非自然或具有威胁性的。德里达将这类威胁命名为"他者"(other)。我们通常会被同时告知以下两点:首先,对受质疑的理念而言,他者绝非威胁;其次,他者就是威胁。对自然的身体而言,毒品有时会被视作威胁;但是,倘若果真如此,借以"什么样的毒品应当受到谴责"为名,"自然的身体"的自洽性又会陷入质疑。换言之,如果自然的身体这个看法是不稳定的,或许自然的身体就不存在?这有时会产生一种不稳定且含混的论点,对那些据说是"他者"所招致的威胁,该论点会同时展开谴责和否认。媒体辩论经常质疑科学或技术对自然身体的再造,与此同时,他们还不忘对非自然物质的滥用深表遗憾。可是就我们贬损非自然的行径而言,自然的身体是什么?它于何处可寻?身体训练是否自然?一份特制的节食食谱是否自然?身边总有看护者和看守者,这是否自然?合法的化学物质和医疗介入是否自然?物理

---

* 美国俚语,指甲基苯丙胺。

治疗以及当代可操作的外科手术是否都是自然的？如何定义自然的身体？它是否真的存在过？有些人可能会回答道：是的，它们可能存在于远古时代。然而，即使在一个神话式的远古社会，对一具身体而言，也有些物质和环境会被人们当成是非自然的：产自一个不熟悉区域的事物、新的农耕形式，以及对于什么是可食用的新认识。如果人的身体摄入了一株植物的毒素，那么决定这毒素是自然或不自然的又是什么呢？如果对非自然的贬低没有受到质疑，那么此时，我们又要开始质问自然概念的自洽性了。这样一种论点便符合了德里达所描绘的解构。该论点表达的意义在于：它可以被拆解和拆散，以此去暴露自身的弱点，因为对自然的理念化行为可能有效，却经不起审视。

让我们看看另一个日常的例子吧。在面对一些涉及代孕的新技术时，人们有时会认为它扰乱了母性的概念。当代技术让一个胚胎能在一位非生物学意义的母亲子宫内生长，人们声称这样的技术扰乱了亲密无间的母婴关系。这类说法也在暗示，有些非"自然的"东西是当代技术带来的反常。假使我们对它进行解构性阅读，我们会质疑母婴关系是否一直都如此自然:"母亲一直都是关乎阐释的,她一直都是社会的建构。"(Derrida 1997A,27)从古至今,我们总是通过变化无常的文化意义——宗教意义、父系威信、惬意的家庭生活、类似睿智和优雅这样的正面套话,还有欲望和依赖之类负面的陈词滥调——来解读母性。母性的本质总是和文化相关。德里达怀疑,对母性(这种母性被认为是天然的)的怀旧正在被一种信仰强化,后者相信这种母性正遭受技术的威胁。这种信仰中断了我们的批判性思考。母性的复杂性并不是什么新话题,它一直都是困扰我们的问题。我们该做的便是去承认它的复杂性,与此同时,还要去思考阐释和建构母性的不同方式。

"解构"是德里达发明的一个术语,《罗贝尔标准法语词典》现已将其收录。"Déconstruction"一词原本是德里达对20世纪德国哲学家马丁·海德格尔的"Destruktion"的翻译。德里达的实践基于对其他历史人物思想术语和片段的借用和挪用,通过这类实践,我们很难说清道明德里达原初的想法到底是什么。

为了更好地理解"解构",我们需要看看德里达是如何定义这个术语的,尤其是在他的晚期著作中。例如基于圆桌讨论的《简括解构》。德里达的著作中不仅包括我们应当如何阅读哲学著作这类问题(譬如柏拉图和亚里士多德的作品),还探讨当代关于民主的各种观点。德里达的这些计划之间有着紧密的联系;关于民主最早的一些看法就是由柏拉图和亚里士多德提出来的,他们的思想遗产今日依旧影响着我们:

> 我阅读柏拉图、亚里士多德以及其他思想家的方式并不是要去控制、重复或保留他们的思想遗产。它是一种分析。这种分析试图探寻他们的思考何以有效,或何以失效;它同时还试图探寻这些思想家作品中出现的张力、矛盾以及异质性……这类"自我解构"(self-deconstruction)和"自动解构"(auto-deconstruction)的法则是什么?解构并不是你从外部运用的一种方法或某种工具……解构是某些发生的事情,而这些事情只会发生在内部;譬如在柏拉图的文本中就存在着解构的运作。我的同侪皆知,我每次研究柏拉图时都在试图从其著作内部

寻觅某种异质性,并试着讨论这种异质性和已知的柏拉图的思想体系是如何相悖的。以柏拉图的《蒂迈欧篇》为例,科拉(khôra)*这个主题就是这么一种相悖的异质性。因此,要说忠于柏拉图,这种做法便是敬爱和尊重柏拉图的表现。我不得不分析柏拉图著作中出现的正常与异常……这也是我对民主的态度……(Derrida 1997A,9—10)

我们或许不会像德里达一样每天都在阅读柏拉图或亚里士多德,但是我们在晨报上每天都会遭遇关于民主的讨论。正如德里达在《无赖》中指出的一样,我们也许会读到:以保护民主为名,阿尔及利亚的人民选举被中止了,而这样做的目的只是为了保护其选举不会产生一个原教旨主义政权。这类自相矛盾的观念可能会引起我们的关注。一个能嗅出幽灵式理念(在这个例子中,它便是民主被理念化的形式)的鼻子可能会使我们产生一种新的伦理,受制于这种新的伦理,我们肩负新的义

---

* 希腊语,"地点"。

务和抉择。在这个例子中，我们可能不会去反对阿尔及利亚做出的抉择，但是对于以民主之名中止民主所产生的矛盾观念，我们无论如何还是得谨慎对待。

解构始于哲学史中对语言的讨论，尤其是关于言语（speech）优于书写（writing）这一点。传统上，言语比书写更受青睐，因为书写似乎源自言语。拿亚里士多德的《阐释篇》来说，言说的词语是心灵经验的符号，与之相比，书写的词语则是言说词语的从属符号（Derrida 1997B，30），故而，书写的词语离心灵经验更远。柏拉图同样认为言语比书写更重要，因为在他的观念中，言语与"逻各斯"（logos）、知识或理性（reason）更近。就柏拉图的比喻来说，书写好比一个弃子，随时处于被其"父亲"（作者）疏远和放纵的状态。如果一个言语者被要求去解释，他们的在场状态可以让他们的词语获得权威、阐述或者仅仅是变得更为生动。倘若我们质询书写的词语，在柏拉图看来，它们只会"肃穆地三缄其口"。大多数语言学家和哲学家都更倾向于以言语优于书写的方式来思考语言。

不那么专业地来说，我们当代的文化有时也会表现出该倾向。如果你被传讯到法庭去提供证据,仅仅写封信或当庭大声朗读一份陈述肯定是不够的。言说者会被要求实际在场,同时还被要求出庭做出他们的陈述。在路易斯安那州莱克查尔2005年对威尔伯特·里多的再审中,被告被指控在1961年谋杀了一位银行职员,临时替代出庭者被要求将13份原始目击证词的"部分内容朗读出来",因为其中大多数目击者现已不在人世。该事例让人感觉到,这些言说的东西似乎可以带来"活生生的感觉"和可靠性,而这些都是书写的话语所不可能拥有的。

有些看法认为,在如柏拉图一般古老的哲学家看来,言语要比书写更具价值,这般论断一直延续至今。柏拉图的《斐德若篇》就有这样的观点:书写文档的出现是为了弥补记忆的缺陷,但它实际却成了记忆的威胁。每当我们依赖书写的辅助时,记忆在运作时就偷懒了,它也会因此变得羸弱。书写在希腊术语中被描绘成了药。在开篇的摘录中,德里达提到了药,并指出它有意将解构的风险置于写作之中。在古希腊语中,药具有多重蕴意,它既可以被翻译成"毒药"(poison),也可以被翻译成"解药"(remedy)。《斐德若篇》提出的问题便是，书写究竟是针对记性差的一剂解药，还是给记忆的一剂毒药。今天我们可能还在期待有些通晓该主题的人能来为我们好好讲讲"毒药"和"解药"。如果他们仅仅拥有一些书写记录，这并不足以让我们信服。如果他们依赖这些记录，我们很可能会赞同《斐德若篇》中的论点，我们会同意书写是一种阻碍，它对我们并无益处。或许，我们也会认为书写是一剂药：它既有助于我们，同时又会妨碍我们。

假若我们带着解构的眼光来看书写中的含混贬损，我们会发现，《斐德若篇》唤起了一种理念，这种理念显然受到了一种书写的威胁（正如代孕显然威胁了"自然的"母性，毒品显然威胁了"自然的"身体）。我们必须发问的是：言语是否曾为明显受书写威胁的知识（或证据性价值）提供过保障？我们是否可以挪走言语中的神秘性和它那看似真实的允诺？回到审讯中的口头证词，有些人亲历的证据并没有那么可信。尽管诉讼试图让那些控告的证据再次发声，可威尔伯特·里多还是获得了释放。让我们再次回到柏拉图，我们可能并不会完全理解一个人描述的事实。在涉及一个人是否能胜任的问题上，这个人只有在谈论自己死记硬背获取的知识时，他的论调才具有说服力。换言之，我们可以通过很多术语来贬低书写，例如：不可靠、不可信、缺乏生动的说服力，抑或缺乏真知。这些术语同样可以用于贬低大多数言语。德里达认为，言语的定义与书写相仿，虽说言语被认作是书写的基础。我们先前也见过相似的例子，"自然的"身体的定义与"吸毒的"身体相似，因为它们都摄入了人工毒素；以及，非自然的母性和自然的母性都是一种社会的建构和阐释。自然和非自然、纯粹和玷染、确定和不确定——如果我们进一步审视这些术语的话，会发现它们之间的等级关系其实很不稳定。

在《斐德若篇》中，柏拉图声称，对于传递思想的个体，言语更加接近其活生生的物理在场。思想或观念、知识或真理，人们将它们的地位视作"原初性"（original）。德里达的异议在于，尽管书写可能被认成言语的副本（copy），但言语也是一种书写的形式。如果我们将书写定义为对交流的想法的铭刻，那么，心灵本身就会被当作是一种用来铭刻想法的精神材料。《斐德若篇》有说过,言语实际上就是一种对想法的"精神铭刻"(psychic inscription),言语被写在学习者的灵魂上。今天也同样如此,我们通常会相信,只要大声说出某些事实或向好友吐露,它们便会被"刻进"心里。大声说出某些想法似乎会更加深入人心。当然,德里达所说也有其道理,我们通常会认为言语怎么都无法保证与意识的同步性(synchronicity)。我可能会对自己言语和想法之间的交流方式感到不满——我说出的词语好像会"脱离我的掌控",正如我写出来的词语也会不听我的使唤。我可能会告诉你,我所说并不是我所想,抑或我会对我说的话大吃一惊。造成"书写"的问题必然也是造成"言语"的问题:它们二者都存在着某种延迟(delay),某种对"达意"的缺乏,某种可能的差异(与我们想象的原初想法或意识相去甚远)。倘若"书写"被贬低为一种远离原初言说者控制的交流形式,一种对思想的不完满表达,那么,言语同样也会被归入这类定义。从该视角来看,言语也能被视为一种"书写"形式。

我们已经触及德里达20世纪70年代最初出名的一

个富有争议性且明显无意义的观点：言语即书写。只需思考相较于言语，书写是如何遭受贬低的，我们便会发现书写和言语实际上大有相通之处。德里达的论点在于去质疑对言语的理念化，在他看来，这种行为产生了大量的幻象：被允诺的即时性、确定性和在场性。然而，要是觉得德里达青睐的是书写而非言语，这便又错了。德里达怀疑的仅仅是对言语的理念化，因为它包含了一种幽灵式允诺：天然性、纯粹性、原初性。为了让我们注意到这些幽灵式允诺，德里达给我们提供了一套关于书写的复杂定义，即使我们很难理解这套定义。

  德里达将他的论点进一步推进，他重新定义了"书写"，该定义指涉的并非书写自身，而是在指涉贬低书写的原因。在柏拉图的哲学中，书写因远离源头而遭受贬低，它是一种从属，很可能是一种欺骗。一种幽灵式理念于此便开始运作了，因为德里达发现，柏拉图有时也会将言语视作是远离源头的（譬如远离思想），它是一种从属，并带有欺骗的可能。在讨论死记硬背时，柏拉图承认言语并非必然之事：对于一颗思考的心灵而言，它是从属的；它有可能导致欺骗。在德里达看来，柏拉图关于书写的描述可以拓展到言语，德里达就此将言语归入书写的一种形式。

在有些人看来，这类努力可能是解构的小伎俩或瞎折腾。德里达发明了一个名称来描述这种"一般性"写作，它囊括了众多领域，而这些领域内的一切事物也都必须适用于对"字面意义上"书写（白纸黑字）进行贬损的做法。这个术语便是"一般性"或"一般化"，或者书写的"一般性经济"（general economy），抑或"原书写"（archi-writing），其中的"原"作为前缀寓意着一种卓越性和原初性——就德里达定义的"一般性"而言，处于开端的正是书写。将言语描述为一种原书写的形式，意味着尽管它是一种幽灵式允诺，但它并不是直接的，而且还存在着欺骗的可能。德里达在这里想要表达的真正意图是，语言的所有形式都是如此：这份恐惧才是语言原初的状态。就他拓展的定义而言，所有形式的语言都可以被描绘成"书写的诸多形式"。但将言语定义成书写，这个更为宽泛的定义还怀揣着另一个目标，那便是去凸显该定义的悖论性本质。理念是一种幻象，所有的语言都包含着柏拉图所描绘的风险，它是无法被根除的。语言和交流从本质上来说都是铤而走险的事情。

德里达之所以引入一种"一般性"或"一般化"书写的概念,部分是为了驳斥字面书写受到贬损的情况。在1972年的著作《撒播》中,德里达讨论了柏拉图对书写的贬损。在柏拉图的表述中,书写让记忆变弱,还声称知识的书写形式似乎威胁到我们当下正在发生的知晓行为。柏拉图认为,如果只是因为被写了下来,或者只是因为我们能够对其进行回忆,我们才对已知的知识展开机械的重复,那么,我们可能并不了解自己在重复什么。在这种情况中,"真知"(really knowing)就是幽灵式理念,柏拉图认为它受到了威胁。仅仅通过回忆产生的幽灵于此便是"一般性书写",它自言自语,不断在心底重复我们已知的东西。在这种"一般性书写"中,机械学习和知识保有一种心灵上的滞后和距离,正如我仅仅是在复制事实,而不是"主动地"去了解它们。

我们很容易对思想中的自发性(spontaneity)和原初性失去信心。我能保证自己刚刚获得的一个想法不是复制而来的吗?尽管我们似乎都会在某个特定的时刻冒出一个想法，但仅需片刻，这种主动的思考似乎就滑入了记忆的领域，显然成了对我诸多想法的一种心理记录和复制。真正的即时性（instantaneity）是一种转瞬即逝的现象。柏拉图也没说只有真正的即时性才是真正的知识。但是对于这些知识的潜在阻碍，他却在著作中花了大量的篇幅来批评。比如对于那些依赖书写文本和机械记忆的人，柏拉图满篇贬斥之语。

柏拉图对书写的贬低暗示了他对一种彻底自发的、即时的、非延缓的、（因此也是）非"铭刻性"的知识或思想的理念化。德里达揭露道，这种理念本就是种不可能的幻想。在其理念的形态中，它不会被铭刻在声音、空气或者时间上。它根本就不是书写。如果要让柏拉图对书写的贬低自洽的话，他便需要一种截然相反的纯粹性可能。德里达论证说，语言的纯粹形式在事实上是不可能的，由此表明对书写的贬低是站不住脚的；他由此描述了一种病毒，只要这种纯粹性被假定为"源自内部"，它便会感染这种病毒。德里达认为，传统和隐晦的理念从来都不是纯粹的。非纯粹性的幽灵要做的仅仅是去维系理念的幽灵式允诺。

尽管意识（consciousness）被认为是言语和书写的共同起源，但柏拉图并不认为与意识相关的知识的根源在人类世身上。柏拉图反而认为人类世界的真正起源在于诸多"理念的"相（forms），我们的思想不过是由这些相而生成的一种心灵图像（mental image）。比方说，柏拉图将存在于世界中的木椅当成是对一把椅子的一种纯粹且理念的相的模仿，人类的知识是一种对原初的理念或世界真正起源的模仿或接近。

按德里达的说法，从属性的"病毒"（模仿、知识和语言的可能性）甚至早已侵入这种原初性理念。德里达提出，"不朽和完满……只存在于与任何外部没有任何关系的情况之中"（Derrida 1981A，101）。在解构性阅读柏拉图时，德里达找到了证据，即柏拉图的理念之相总是与人类的世界相关。对柏拉图而言，理念的诸相只能在凡世间被复制，它们只能在人类的语言中被大致理解。德里达指出，语言对它们的"可复制性"（copiability）就是一次外在病毒的感染。理念"为自身带来了某种可能性，这种可能性可以像那般被重复"（Derrida 1981A，168）。

德里达的主张在于：语言总是包含了延迟、意义的迟来、含混、说话者的"远近"程度、混淆的可能、欺骗和不可靠性，这些因素在柏拉图看来都是消极的。对于语言的这些方面，德里达既没有发牢骚，也没有指责，更没有将它们视作某些应该避免的东西，而是将它们当作语言不可或缺的部分。假若没有这些元素的相互作用，语言就不可能存在。就定义而言，语言总是在以某种方式回避我们。而在被解构拓展的定义之中，所有的语言都是一种"书写的形式"。

第二章　作为干预的阅读

虽然说"对一门被挪用的语言的非掌控（non-mastery）"……无论是在字面上还是感性上都会首先让"殖民的"异化或历史性屈服被合理化，但是，只要该定义带有必不可少的曲折变化（inflection），它同样也会超越这些既定的条件。即使有些东西被唤作是主人、希望或殖民者的语言，该情况依旧适用。

不论如何地残酷，普遍化（universalization）绝不是去消解那些语言压迫或殖民剥削上的相对具体性，这种谨慎且具有差异性的普遍化，必须能够解释所带来的屈服性（subservience）和支配权

（hegemony）的明确可能性——尽管我会说，这是一个人可进行解释的唯一方式。这种普遍化甚至还要去解释诸多语言内部的一种恐惧（在这些语言中，存在着一种恐惧、柔软、慎重或愤怒；那便是我们的主题）。不同于人们通常受引诱去相信的东西，与之相比，主人什么都不是。此外，他对于任何事物都不具有特殊的所有权。因为主人不论是在特权上，还是就其与生俱来的条件而言，都无法拥有他所谓的属于他的语言。原因在于，无论他想要什么，或者他想做什么，他与财产或身份之间维系的关系都不可能是自然的、固有的、天生的或是本体论的。因为只有在构建政治—幻想的非自然过程中，他才能给予这种挪用以实质并对其进行言说（articulate）。因为语言并不是他的自然所有物，多亏了这个事实，即使通过一种文化篡夺式强取——为了强制使其成为"他自己的东西"，他也无法在历史层面上假装去挪用它，这便总是意味着其本质带有殖民性。他的信仰便成了：他希望通过对武力和诡计的使用让其他人和他一起分享语言。

——Derrida 1998A，23

美国分析哲学家约翰·塞尔曾一度勉强同意了德里达的观点，赞同我们或可声称言语即书写。我们只需重新对书写进行定义，使其定义的范围宽泛得足以囊括言语即可。一个人可以声称白即是黑，前提是他可以给予黑色一个十分宽泛的定义，在该定义下，黑色的色谱层次宽广到可以容纳下其对立色——白色。在塞尔看来，解构着实不假，却无关紧要："通过这种方法，我们可以证明一切。我们可以论证一个百万富翁实际上一无所有，货真价实的东西也可以是镜花水月，以此类推。"（Searle 1983，76—77）那么，我们又为何要大费周章地这么做呢？或者说，我们为何要大费周章地去质疑"白色是白色"的同义重复呢？

只要我们想想人们的身份感通常是如何成为一种对身份的渴望的，便会从中得到答案。在一个种族主义的语境中，说"白色（白种人）是白色"可以是对任何事物的声明，但它绝不会是同义反复。对该声明的言说可能源自以下几种情况：一种由种族狂热产生的宣言；一种支持排他行径的呼声；一种坚持白人就该是白色的意识形态；一种白人可能不是白色的焦虑；一种白色性（whiteness）可能会遭受威胁而引发的恐吓，以及一种隐秘的声明——白色性并不如它所佯装抑或声称的那般不言自明。在这些语境中，声称白人是白色的，的的确确就是一种暴力。该声明蕴含的解构性，以及与该声明相关的对种族纯粹性的渴望，可都不是什么小事。不论是在渴望或污蔑的、理念化或贬损的语境下，还是在保护或排他的语境下，德里达都在呼唤我们进行解构性阅读。他在早期便声称，对语言的哲学讨论就是这样一种语境。该论断至少在哲学圈子里让他成了一位备受争议的知识分子。虽然德里达从未否认过这些声明，但是在他后来的著作中，无论是国家政策、种族、国族、文化和民主问题的论述，还是他的哲学讨论，似乎都不像以前那么富有争议性了。本章开篇的摘录来自《他者的单一语言主义》，该书属于德里达较晚期的作品。这本专著成书的时间比第一章摘录的《撒播》晚了 20 年。

《他者的单一语言主义》挑战了文化和语言学上的

本真性（authenticity）。德里达的主张是，所谓一个人特有的家以及这个人特有的语言，这类观念总会构成各种各样的问题（Derrida 1998A，59—60），它们会造成一些残忍的局面。鉴于一个国家会将自己所拥有的权利标榜成是自然的和历史的，许多向他国寻求准入和庇护的移民最终只会在居住权上遭受拒斥。德里达对有权与无权、殖民者与被殖民者这类等级森严的对立发起了挑战。

一个被殖民的民族遭受到了领土上的丧失，同时还在文化和法律上受到了殖民者的强压。有些人可能宁愿相信他们没有遭受殖民，没有直接面临被殖民的威胁。德里达由此介入并提出：如果我们在一个足够广的层面上思考殖民，那么，我们都可以被称为被殖民者。德里达将文化自身定义为一种殖民。当我们还是孩童的时候，我们都接触到了文化、领土、法律和身份，这些东西最终都被当成"我们的东西"并加以认同。我们发现自己生于一个国度，它的历史与我们息息相关，通过浸淫其中，我们获得了它的语言。即便在法律上被认可的"英国人""美国人"或"澳大利亚人"，法律、领土和语言也还是无法真正地为他们所有。那些合法且自然出生的居民必须去获取一种语言和文化。这种获取远不如我们所想的那么可靠。即便是自己的语言,也没有人可以说到尽善尽美。此外,语言也总是处于变化中,无论是专家还是门外汉,对它的使用总会牵扯到一种没完没了的再定义。对于文化身份的理解也总是处于流变之中。我们只需想一想20世纪晚期的"文化多元主义"(multiculturalism),初来乍到的它在本质上似乎还满是"英国味"。在自己国家具备的合法权利也不如某些人自诩的那么靠谱。任何一个人都无法完全规避丧失公民权和故土的威胁。一个国家可能会遭受侵略;当权政府可能决定剥夺某些公民的权利(他们也有这么做的权力);一个国家可能分裂成数个新的国家;一个人会因战争、混乱或迫害等极端情况被驱逐出境。

在某种程度上,我们都可以说自己所拥有的文化和公民身份是不稳定的。它们已然受到了殖民,而且很容易受到进一步的殖民。我们都不用去论证我们都"一样"。相反,一个人可以去强调,个人和民族在被殖民的方式上具有很大的差异。关键不是去否认殖民民族和被殖民民族之间存在诸多的差异。然而,让德里达存疑的是那些自认为遭受了文化异化和丧失的人，假如说该情况必须强化某种幻象：有些人没有遭受异化，他们与自己的语言和文化维系着一种相当特别的合法关系。德里达想说明的是，没有人可以和语言、文化保持这种完全合法的关系。为了对此进行论证，德里达对本土主义者或殖民者自创的特权提出了质疑，这些人谎称他们排他的权利是天生的和历史的。在《他者的单一语言主义》一书中，德里达提出了一个论点：如果有人声称自己有权褫夺他人的土地，或者声称自己对一个国家具有管理权，抑或自己有权设置特权状态，那么，这个人在否定的是自己合法权利的不稳定性。因此，在谈及殖民化和剥夺语言的问题时，德里达说道：

> 这种例外状态同时无疑是一种普遍结构的典范；它再现或反映的是一类原初的"异化"，这种异化将每种语言都设置成一门他者的语言：语言的不可能特性。但它绝不能走向一种对差异的中和。
> （Derrida 1998A，63）

人们可以提出我们都受到了殖民和异化,而不用声称我们都以相同的方式受到了殖民和异化。

德里达将其称作"一般性"殖民主义。他也以同样的方式思考了一种"一般性"有毒的身体、"一般性"非自然的母性、"一般性"向恐怖主义的屈服,以及"一般性书写"。在对该观点的阐述中,德里达的目标不是去敉平所有的差异,而是去挑战自创的权威,在这个例子中便是文化权威。有些人真的以为他们的语言属于自己。有些人则坚信,要强制移民接受一些义务——他们必须学习新来国家的语言和风俗。这类假设肯定的是,那些已经占据这个国家的人,他们与其文化和母语之间有着一种"天生的"关系,而且已经完全习惯了这种关系。但它否定了如下事实:没有人可以完全且完满地掌握一门语言或一种文化,也没有人会在所有方面都习惯他们的国家,更没有一个国家会是一个纯粹的统一性实体而让人可以完全适应它。被殖民者和移民在语言学和文化上都被描述成是"不自然的",这便加深了一种虚假的神秘性:那些天生的和被自然化的东西,它们会熟悉自己的语言并与其文化融洽无间。解构会提出某类问题，而不是其他的问题。这便让它成为一件可以被利用的工具，而不是成为一种哲学体系。它不会问：我们应该期待外来移民去学习新的国家的语言和风俗吗？它要问的是：尽管"合法"公民会对自我理解进行理念化和利己化的处理，但我们应当如何将以上这种期待转化为对这类处理的批判呢？

解构能在政治和文化中促使感知发生改变。对于我们有时想当然的观念，它会要求我们对其展开批判。在以上这个例子中，有些人对自己的语言和文化备感适应，并认为他们在自己的国度是享有合法权利的，然而"外国人"却是例外。我们要抵制这类看法，因为将自己包括在内的代价是将他者排除在外，后者做法的合法性不过是种伪断言。某些国家、政府、集体或个体都将采取这种排他性行为。然而，在一个人自身天生的合法权利缺失的情况下，排他性行为又导致了一些困境。尽可能负责地直接与之进行斡旋，这是一码事；假装自己看似拥有天生的合法权利，这又是另外一码事。

德里达在他的一句名言中说道："解构不是去中和……它是去介入"（Derrida 1981C，93）。他涉足过众多政治活动。作为国际作家议会的一名成员，德里达曾支持过一项议案，该议案倡导为受迫害的知识分子提供庇护城市。他也曾与公众一同呼吁阿尔及利亚和巴勒斯坦的和平。他还常常登上各大法语报纸，对公共事务进行过严苛的评论。对于受囚禁的非裔美籍记者穆米亚·阿布－贾迈勒的死刑，他也进行过抗议。此外，他还批判过法国无情的移民政策。然而，德里达从未就任何行动或激进主义有过计划。当他宣称解构的介入时，他所宣称的政治活动并非他心中所想。相反，德里达鼓舞我们开展一种差异性阅读：我们的阅读必须进一步关注不稳定性、矛盾、理念化的非稳定力和贬损。他会问道：我们该如何进行差异性阅读？譬如有些人自己天生就具有权威、所有权，以及特权。德里达会鼓励我们以新的方式进行思考，对于那些已经被接受的观念和论点，他都会鼓动我们进行更多的批判，不论它们是政治、历史、哲学，还是当代文化。

通过对文化和身份非统一（disunity）概念的泛化，德里达希望我们能够重新思考文化统一的理念。这不仅仅意味着不同的文化彼此共存，也同时预示着，那些被我们认作"不同文化"的每个实体，它们就其内部而言也是多元且断裂的，其自身便构成了众多对立的元素。单说英国或法国是由诸多共同体构成的还不够，因为这会误导我们将这些共同体视为是同质的。如果我们说每个共同体都是由诸多迥异的个体组成的，这又会带来何种结果呢？即便如此，我们可能也是在论证，每个个体仅仅是种被简化的存在。一个国家并非由拥有同一信仰的人组成。它也不由大量共同体构成。即便是共同体，它们也并非由诸多个体组成。一个个体也是由众多矛盾的信仰和利益构成的，一个共同体、一个国家亦是如此。就德里达提出的观点来看，这并非什么不好的事情。德里达声称，如果一个国家是一种统一（unity）或同一（oneness），那么，它将是"一场可怖的灾难"，"连一个国家……都谈不上"。对于国家而言，至关重要的是多元性和对多元性的尊重，"故而，这样一个国家必须尽可能地去关注多元性，民族的多元性、语言的多元性、文化的多元性、族裔的多元性、个人的多元性等等"（Derrida 1997A，15）。然而，当多元主义被拥戴为一项价值的时候，它的实现通常是借由一个个体的特质，以及一种语言、文化或族群的特质身份。德里达的处理之所以独特,在于它是一种另类的尝试,这种尝试试图将多元性思考为一种价值,同时却又不将个体身份划归给构成多元性的人们或族群:"那些为自己身份而斗争的人们必须注意到一个事实:身份……意味的是身份中的一种差异。"

德里达认为解构能够激发我们以新的方式去思考文化和个体身份:"一旦你开始考虑内部差异和外部差异,你便会关注他者,你同时也会了解到,为自己的身份而战不是去排除另一种身份,而是向另一种身份敞开自己。"(Derrida 1997A,13)德里达认为在自我同一的民族内部不仅仅有诸多差异,人与人之间同样如此。"我"本身就是断裂的(fractured)。举个例子,通过我与其他人的差异化,"我"便发生了断裂。就家庭而言,这就好比我和自己姐妹的关系。想象一下,假如我告诉你,我和自己的姐妹大相径庭。那么,这似乎(对我而言)是在说,我只是我自己,我的姐妹也只是她自己,这便是我们之间诸多差异的根源。德里达会对此表示异议,他会说我的身份中有一部分——"我"的一部分——是存疑的,它便是我与自己姐妹的差异化(和关联)。这种差异性和关联性构成了我的身份。如果以"一加一加一"的思路来思考多元性,我们便会继续犯错。我们需要重新进行思考:诸多个体元素是如何通过关联性和差异性带来的自身断裂而组成的?不同民族、文化和共同体之间的关联必须以类似的方式展开思考。

一种文化通过自身与其他民族的差异和关联来获取对自身的定义。认识到这一点是否会让我们与其他民族的相处更为融洽?德里达的语调偶尔会带有乐观色彩,好比这条评论:"你一旦考虑到了这种内在的……差异,你便会注意到他者。"(Derrida 1997A,13)这样一种观点"可以预防极权主义、民族主义、自我中心主义等"(Derrida 1997A,13—14)。通常而言,我们认为文化的非统一性是对文化和谐的妨碍。德里达却提出了相反的观点。或许,贬斥文化非统一性的正是对文化统一与和谐的理念化。而这种文化的统一与和谐本身就是不可能的。或者,只要更重视文化的非统一,我们便可以远离独裁,远离对差异的诋毁。德里达于此并未给出一种让文化进步的妙招,而是要求我们重新思考一种靠不住的臆测：非统一性是暴力极权主义和民族主义的缘由。事实可能恰好相反。暴力的缘由可能正是对文化身份之不可能理念的拔高。想想移民如何被认为要为最近英国激增的种族暴力负责的。他们真的要为此负责吗？还是说，我们对文化身份的独裁式理念化要对此负有部分责任？

一次解构性阅读会以多种方式展开介入。第一，它会为辨认政治中的矛盾提供多种新的方法，我们也因此可以获得一种高度的警觉来对付那些不一致的特殊形式（比如在对一个国家和共同体的身份或其合法性的再现的问题上）。在讨论如何抵制排他性时，暴露这些形式可以作为一件有益的批判工具。第二，一次成功的解构会改变一个文本。对我们而言，它会让这个文本变得更为陌生，或更加不相容。如果一个文本倡导的是一种我们都耳熟能详的传统、信息或政治纲领，以上做法便会展现出积极的效益。解构会给我们带来一种改变，它会转变我们对一些观念的理解。我们从过去继承了这些观念，它们影响了现今的我们，并让我们发生了改变。第三，一次解构性阅读会为我们提供一些新的途径，我们以此来理解自己肩负的责任之重。只要我们少受不可能的理念的蛊惑——不论它们是民主、正义、自然、文化之根，还是一种纯粹的理解或完全和谐的共同体，我们便开始构建伦理和政治的新形式了。第四，通过对德里达中期到后期著作的阅读，我们会发现他重点强调的是：文本、语境和传统将自身向诸多新的可能性敞开，它们通过自身与"不可能性"的关联来转变自身。

在《多重立场》中，德里达将解构定义为一种解除等级对立的途径，这些对立形成的方式便是通过理念化和贬损行为：

> 一种常见的解构策略……便是去避免对形而上学二元对立的简单化中和（neutralizing），同时还要去避免简单地安于（residing）这些对立的封闭域内，即对它们进行肯定。因此，我们必须进而采取一种两面派的姿态……一方面，我们必须跨过一个翻转（overturning）阶段。对该必要性的正确处理便是去进行一种认可，即在古典的哲学对立中，我们处理的并非一种面对面的和平共存，这种面对面是一

种暴力的等级关系。两个术语中的一项统治着另一项（不论是以定理的方式，还是以逻辑的方式，等等），或者其中一项占据上风。为了解构这种对立，我们首先要做的便是在一个既定的时刻去翻转这种秩序。无视这个翻转的阶段，就等同于去忘记矛盾和附属的结构。我们因此可能很快就会步入一个中和的步骤，"在这种实践中"将无法触及先前的领域，同时也让我们无法控制先前的对立，故而，这个领域中的任何干预手段均无法展开……在另一方面，"据说是停留在这个阶段"依旧有赖于在解构的系统之上完成，并从解构的系统内部完成。通过这种两面派的书写，具体而言也是层化的、脱节的且具有驱逐性的写作，我们也得注意到颠倒（inversion）之间的间隙和一种新"观念"的侵入式出现。这种颠倒让曾经处在高位的东西滑向低位；这种观念不再且永远不可能会被先前的政权所囊括。（Derrida 1981C，41—42）

德里达瞄准的概念正是"堕落"和"根源"（Derrida

1981C, 53）。无论语境是什么，对"x"的贬损就是对"y"形象的拔高，该过程的实现正是以"z"作为一种理念。一次解构性阅读就是将"z"视为某种总是被污染的东西，而这种污染的方式从某种角度上来说是属于"x"的特性。德里达声称理念是不可能存在的。因此，"y"被拔高的虚假形象是非法的。虽然在柏拉图的对话中，言语先于书写的看法可能看似无害，但是，倘若将对根源的解构应用于其他的语境和学科，我们会更加清晰地看出它的社会和政治意味。对身份、理念和重要的参考依据（valued points of reference）的维系通常都是通过贬损而非法进行的。

在种族等级的历史语境中，被理念化的白人性有别于那些被认为有可能污染它的东西。在19世纪，通过与无教养的本土他者的并置，欧洲白人塑造了自我的形象。例如在欧洲殖民主义时期，对那些无教养的本土他者的刻画通常源自非洲和印度。德里达认为这种贬损是种暴力，在德里达数篇评论南非种族隔离政权的解构性文章中，我们从字面便可理解该术语。我们也可以从这个词更为宽泛的意义来理解它，正如德里达所揭露的：

对权威的非法僭取是一种暴力。

德里达将他的"阅读"描述为一种对等级关系的"翻转"。不论他的语境属于人类学、心灵哲学或语言哲学、古代哲学、精神分析、生物学、基因学、政治学、公共政治抑或性学,在德里达所讨论的例子中,都出现了对纯粹性、天然性或根源性的理念化,与之相伴的还有一系列贬损,它们针对的是那些被视作非天然的、不纯粹的,或者"堕落的"东西。德里达认为,这类贬损让那些受重视的东西获得了更为虚假的稳定性和身份。这种阅读颠覆了这些等级关系,同时还揭示了一些方法。通过这些方法,被贬损的东西会在和受重视的东西的对峙中占据上风。在殖民政治中,如果不去贬损我们消极的对立面,如果不去与这些消极的对立面形成对峙,我们很难树立白人的优越性。我们因此缔造了野蛮人的形象和蒙昧的他者。德里达指出,这种对"他者"的依赖正是一种维系等级关系的方式。事实并不是被殖民者为了接受文明而依赖英国殖民者,而是后者依靠一种刻板的本土人形象创造了一种被拔高的"文明"的自欺。

第三章　延 异

尽管作者是在一种语言内，在一种逻辑内开始他的写作，但是，作者通过定义产生的话语并不能完全掌控语言和逻辑自身的系统、法则和生命。作者对它们的使用仅仅是通过让他自己（以某种方式并在某种程度上）臣服于这个系统。此外，阅读必须总是将目标设定在某种关系上，这是一个作者所无法感知的，这种关系出自他对自己使用语言模式的要求和非要求之间……批判性阅读应该生产（produce）一种能指结构（a signifying structure）。

"生产"在这里意味着什么？在试图解释它时，我会先对我的阅读观念进行一番正名……

要生产这么一种能指结构显然就不能包含再生产／复制（reproducing），这便要通过评注所产生的抹除效果和令人可敬的加倍效果（doubling），(但是）作者制定的这份关系是有意识的、自愿的且有意向性的……假若不对其进行认可和敬重，批判性生产则会陷入这么一种危险之中：它随任何方向进行发展，并对自身授权去言说几乎一切事物。但是对于一种阅读而言，这种不可避免的护栏仅仅是在起保护作用，却从未敞开。

然而，如果阅读不能满足文本的两面性，那么它便无法合法地僭越文本，无法抵达文本之外的东西，无法抵达一种指涉（这是一种现实，它可以是形而上学的，历史的，心理传记式的，等等），亦无法抵达文本外的一个所指，因为这个所指的内容会在语言之外发生，或者已经在语言之外发生了……文本之外别无他物。

——Derrida 1997B，157—158

《论文字学》是德里达的第一本著作,他在该书中将解构作为一种对文本的批判性阅读。这种阅读行为让我们看到,德里达解构的正是已经在文本中运作的东西。然而,通过他的解构,我们会以不同的方式阅读文本。德里达讨论了一种常常处于矛盾的关系,那便是一位作者表达的意图(或者说文本"对外展现的"层面)和文本实际"描绘"的东西(或者一个文本展现或完成的东西)之间的矛盾。德里达关注的是一个文本所蕴含的诸多含混的观点,这些观点和文本表面上做出的陈述不一致。因此,解构不仅仅是评论、加倍效果或复制。文本的"所声称的东西"是它对自己的描述,它会认为一些东西是高雅的,另一些东西是低俗的;一些东西是原初性的,另一些东西则是堕落的。解构会去揭露文本中受压抑的矛盾,这些矛盾关涉的是:什么是理念的、初始的或原初的,什么又是堕落的或不充分的。光明正大地去并置一个文本所宣称的与其所描述的层面,就是去生产一个具有差异性的文本。

《论文字学》是一部囊括众多不同学科的著作,其中包括了语言学、人类学、哲学史，同时还涉及了对一批名人的革新性阅读：卢梭、20世纪之交的语言学家费尔迪南·德·索绪尔和20世纪人类学家克劳德·列维－斯特劳斯。这些作者归属于不同的学科和相异的历史阶段。虽然这样的结果似乎让《论文字学》成了一部折中的、碎片化的和多学科的著作，但是它所谈论的众多主题都彼此关联。德里达关注的焦点在于言语和书写之间的等级关系，以及不同作者所讨论的自然与文化。德里达询问道，我们应该如何阅读这些等级关系？在德里达的早期著作中，读者会看到，它们也在要求我们去接受以他的方式阅读的经典文本。譬如，我们所面对的不仅仅是德里达，而是德里达和柏拉图。同理，一个重要的德里达式术语——延异（différance），它起源于德里达对索绪尔"符号"概念的挪用。除了他采用的颠倒策略外，德里达还找到或发明了一些新的概念，这些概念无法融入被翻转的等级对立中。延异就是这些术语中的一员。就"在场"和"缺席"之间的对立关系而言，延异既不在场，也不缺席。与之相反，延异是一种会产生在场效果的缺席。它既不是同一（identity），也不是差异（difference），而是一种差异化（differentiation），这种差异化会产生同一的效果，并在这些同一之间产生差异。

在《普通语言学教程》中，索绪尔奉行的是这样的一种方式：一门语言就是一个由多元素组成的系统，依照他的术语，这些元素都是符号。每个符号的意义似乎是"在场的"；而事实却远非如此。德里达论证道，意义的产生是通过符号之间的关系。一个符号（例如"狗"）似乎是对一个活的生命体进行再现——那个正在我后院乱跑的四条腿的动物。然而，一旦我们去词典里查询它的意义，我们将会被导向其他的意义，而在其他的意义中，我们又会被以同样的方式再次被导向另外一些意义。我的词典会告诉我：一条狗是许多牲畜中的一种四足动物，它们可以是野生的，也可以是驯养的。因此，这便让意义陷入了延缓之中，它不断引我继续发问：什么是四足动物？什么是牲畜？什么是野生的？什么是驯养的？对这些词条的定义将会再次引出更多的词条。此外，我的词典还会告诉我很多与狗相关的概念：没有任何价值的乖戾之人、天文学上的星座*。它还会给我列出众多口头表达,例如"每条狗都有它的日子"†。它还会让我想起占马槽的狗、盖毛毯的狗、狗鱼和狗脸狒狒。‡根据不同的联系,狗的意义都在不同程度受到了悬置,而且永远不可能被确定下来。

索绪尔总结道,意义永远都不可能完全或最终在场。他因此认为,有了符号,"我们发现的便不是事先既定的观念,而是从(语言)系统中产生的价值……这些概念具有纯粹的差异性,它们不是由自己的内容积极定义的,而是由自己与系统内其他术语的关系消极定义的。它们最为准确的特征便是:它们是其他事物之所不是"(Saussure 1974,117)。索绪尔的《普通语言学教程》在法国思想的众多领域都产生了极大的影响,包括精神

---

* "没有任何价值的乖戾之人"和"天文学上的星座"[天文学中的大犬(星)座;小犬(星)座]都属于"狗"这个词的转义。

† 英语谚语,意指风水轮流转。

‡ "占马槽的狗"(dogs in mangers),指占着茅坑不拉屎的人;"盖毛毯的狗"(dogs in blankets),指(含果酱或葡萄干的)卷形布丁;"狗鱼"(dogfish),指草原犬鼠(生活于北美地穴);"狗脸狒狒"(dog-faced baboons),指草原狒狒、狗头人。

分析、人类学和电影理论等。

在重述索绪尔的理论时,德里达评论道:"该理论所产生的首要后果便是,所指的概念永远都不会于(in)其自身并就(of)其自身在场,所谓一种充分的在场只会指涉它自身,在这种在场中……每个概念都会被刻写在一条链上或者一个系统中,在这条链上或这个系统中通过差异的系统性互动,每个概念都会指向另一个概念,然后再指向另一些概念。"(Derrida 1982A,11)德里达进一步阐述道,一个显然"在场的"符号并不能表达任何的意义,它的意义只能通过不是其意义的所有缺席的意义之间的关系来确立。在任何一个符号内,起作用的永远都是那些缺席的术语,所有缺席的术语之间会展开一场价值的游戏,这场游戏的本质是关联性的,同时也是差异性的。一个符号不会独立于一个网络,因为这个网络由不同的元素组合而成;事实上,这个符号正源于此。将狗从该系统中抽离,并认为其意义可以与系统脱离,这便是种虚假的抽象化。相反,狗的意义是场关联的游戏,它与很多缺席的可能性相关。受到质疑的意义会遭到这些可能性的"萦绕"(ghost)。狗的意义就是场无止无尽的游戏，参与游戏的都是与它相关却不相等同的其他意义。什么才是一条狗？这绝"不会"是另一些关于狗的想法，例如它们可能是：猎犬、幼犬或恶犬。这也绝不会是另一些与狗相似的发音，例如它们可能是：一头"公猪"或一条"原木"。*这也绝不会是另一些宠物，例如它们可能是一只猫或一只鸟。这也绝不会是另一些非字面意义的使用，例如它们可能是宿醉的解药或者是我们选择去忽视的不活跃的麻烦。†通过与其他可能的意义进行无穷尽的差异化，"狗"的意义才得以产生。德里达承认，作为符号的"狗"，它的意义永远都不会确切无疑地在场。相反，"狗"的意义源自关联和无数想象的替代物之间的联系，也就是说：发音、不同的宠物、牲畜和隐喻。

一般而言，差异通常会被理解成两种自诩身份之间的差异：黑色与白色、东方与西方、善与恶、男人与女

---

* 原文为"hog"（公猪）和"log"（原木），它们与"dog"（狗）在发音上保持了元音一致（/ɒ/）。

† 作者于此指的是英语中的一个非正式短语："the hair of the dog (that bit you)"，这是指用于解宿醉的酒。作者指涉的第二短语是"let sleeping dogs lie"，即过去的事就不要再提了；不要没事找事。

人，诸如此类。在一般话语中，我们指涉的是此与彼"之间的差异"。德里达发明了"延异"这个术语，与我们之前讨论的差异相比，它指涉的是对差异的另一番理解：它不是诸多术语"间"的差异，而是一条差异化的长廊。这条无穷尽且无休止的长廊引发了诸多可见的身份，随后人们才会去争论它们之间存在着差异。

"différance"源自其动词形式"différer"，意思是造成差异和延迟，是德里达新造的词汇，它指的是一种差异化。德里达也将这种差异化称作"间隔化"（spacing），它能防止任何一个符号陷入一种自我封闭的身份。延异是身份未克服的延迟，人们会将这种情况写成一个特殊的术语：对于"狗"这个词，一种完全确定的意义绝对永远都不会出现。意义的"差异"是无穷尽的，任何关于意义原初的在场性也在无穷尽中"被延迟"。

尽管德里达的"延异"是在广义上发展索绪尔的理论，但是这个术语却在德里达对索绪尔自己著作的解构中起到了至关重要的作用。甚至在索绪尔的著作中，一再出现言语在等级关系上优于书写。索绪尔将书写贬低为一个符号系统，它唯一的目的是去再现言语。在索绪尔的论述中，如果要正确地研究语言学，那就应该将关注点放在语言的言说形式上。索绪尔将书写视作一个"非自然的"语言客体，原因在于书写仅仅只是言说的"形象表现法"（figuration）。

将"非自然的"作为贬义进行使用并以此来贬低书写，这着实令人吃惊，因为索绪尔在谈及言说符号时，认为所指内容（诸多概念，如同"一条狗"的观念）和其能指［可听见的语音图像，比如 g-ð-u（d-o-g）］之间存在一种"非自然的"的联系。索绪尔论证道，能指和所指形成了统一，这便是所谓的一个符号，而在这个符号内，能指和所指之间的关系是"随意的"（arbitrary）。他这么说的意思是，"g-ð-u"和"狗"的概念之间不存在自然的统一。

德里达质疑了索绪尔对书写符号的贬低，在后者的贬低行为中，书写符号不过是"符号的符号"（signs of signs），即语音符号的符号（signs of acoustic signs）。通过一次解构性阅读，德里达将我们称作"符号的符号"的范畴进行了扩大和一般化："书写不是关乎一个符号的另一个符号，除非我们说这个符号是关乎所有符号的符号，只有这么说才可能会是完全正确的。如果每个符号都指涉着另一个符号，如果'符号的一个符号'表示的是书写，那么，适逢其时，我也会认为有些结论的出现将会变得无法避免。"（Derrida 1997B，43）德里达据理力争，索绪尔在描述书写时使用了"符号的一个符号"，尽管这个概念的使用是字面意义上的，而且具有贬义（索绪尔极有可能想表述的是"仅仅是个附属性副本"），但是，索绪尔同时也颇具效力地提出了一种更为广泛且一般化的符号定义，即"符号永远都作为符号的符号的符号的符号"（signs as always signs of signs of signs of signs）。德里达认为，如果索绪尔如此定义字面上的书写，那么所有的符号都可以被当作书写的一种一般化形式。

索绪尔的《普通语言学教程》是对他生前讲座的重新编排，作为文本，它是在索绪尔逝世后出版的。文本中通常弥漫着不稳定的等级关系，它们会影响在场性、原初性或自然性之类的虚构，好比索绪尔将言语和语言学中被认为是"自然的东西"相联系。令人始料未及的是，即使考虑到了言说符号的在场效果源自无限的差异化，但索绪尔依旧提出它们具有原初性。德里达点出了该论述的矛盾之处,认为它所进行的正是自我解构。

德里达要强调的是:每个符号都导向了另一个符号,这便让他获得了一个结论,我们在前面的篇幅中曾提及他的一句名言:"文本之外别无他物。"德里达当然不是说,世界除了纸上的墨水什么都不是。德里达思考的"文本"指的不仅仅是书,同样也不仅限于纸上实际写的东西。正如他著作中出现的"书写",和这个术语一样,德里达重新定义了"文本",将它视作差异化的、无限延迟的运动。他将这个术语进行了一般化,并且还提出了另一种对"文本"的定义:由诸多力所构成的一个场域,这个场域的特征是异质性、差异性和开放性(Derrida 1986A,167—168)。

"文本之外别无他物",这句话想说的不是这里有什么,或者世界中没有什么。后者预设"世界"的范畴,并预设了一个问题——"那个世界中真实的是什么?"它在假设"世界"的首先出现,作为一切附属物的原初地,我们以它生产出各类描述性的句子,它也成了这类句子真实性或虚假性的产地。与哲学提出的传统问题不同,德里达彻底改变了他的哲学游戏。德里达发问的不是"这里有什么？"，他质询的是，我们在询问这里有什么的时候，所深陷其中纠缠不清的东西。我们倾向去提出什么是原初的，然后这些东西会被我们了解、再现或者假设。原初性如同我们所描绘的一样，它们"总是已然"（always already）和语言缠绕不清。它们总是就关系而言的，也就是说，对它们的描述总是依靠于一些关系：它们应该源自什么？它们应该再现什么？它们应该与什么相似？就此，它得到了修辞性的呈现。换言之，关于原初的东西，以及这些原初性附属的东西，我们谈论的方式会产生一种"效果"——这里似乎存在一种原初性。好比说"狗"这个符号，"原初"就是延异运动的效果，是延迟和"被差异化"的意义：语言的游戏形成了它们假设的原初性时刻。德里达可能会认为"这里有什么"是个没什么意思的问题，他看中的难道不应该是"我们是如何描绘这里有什么"吗？对德里达而言，原初总是在文本上被描绘。即便我们说德里达对于这里"有"什么"保留看法"，这也会陷入某种他所规避的东西。这般论述含有一种狡诈的暗示：关乎他所保留的看法，这里可能有、也可能没有语言游戏"之外的东西"。

这就是文字游戏的开始,在这个游戏中,"世界"和"描述性语言"已经就原初和附属的对立关系被确立了。

有些批评家会反对"文本之外别无他物"的观点,他们给出了些错误的回应:文本之外当然会有些东西——原子、血液、雨水、树木和身体?德里达似乎在否认"现实",他更加青睐"词语"。该回应误解了德里达对"文本"的定义。和书写一样,德里达将"文本"的定义进行了扩展。对德里达而言,"文本"就是像延异、间隔化、关联性、差异化、延缓、推迟这类东西。我们说"文本之外别无他物"的意思是:存在的只有关联性和差异化。不论我们将什么想象成"现实",我都可以说,对于这个东西而言,至关重要的就是差异化。

那便让我们来好好思考下,每个领域可能都有人选择去责难"文本之外别无他物"这个论点。批评家可能会反对德里达:你说文本之外别无他物,那我现在愤怒的情绪是什么?那并不是一个"文本"。如果批评家无法认识到德里达文本的意指,那么这类争论就不会有任何结果。为了给德里达进行辩护,有些人会指出:倘若要描绘那种愤怒,我们不可能不使用修辞、语言学意义——我们总是已经迈入了语言的世界。因此，愤怒并不在文本性之外。另一些人则会论证说，情绪的经验已经具有了"差异化"（恨意将其自身与厌恶、爱意等其他情绪进行了区分）。

同样，有些人会提到病毒具有一种具体的物质性，他们试图以此责难德里达。有一种反驳的意见指出，病毒的科学语言实际上也具有高度的修辞性：病毒的发作（attack）经常借用和军事或战争相关的意象来描述。这类对德里达的阐释强调了我们总是处在语言的世界中，不论我们指涉的是一种病毒、一种情绪、太阳或雨水。就这类对德里达的辩护而言，我们从未离开过语言去触及事物自身。即便雨水触摸我脸颊的时候也总是带有联系和差异化。它可以是干旱带来的龟裂，或是我衣着搭配上的失策，或一种欢欣的感觉，抑或是一次曼妙记忆的重燃。对我来说，只要雨水滴落，它肯定已经充盈着意蕴。雨水的滴落对我而言必然不是"毫无意义的"。

然而，这样一种解释有可能会引发误会，据德里达所说，它意味着会有某种"雨自体"（"rain" in itself）的存在，如果不身处语言和意义的世界，我便无法经历它。这样一种说法还是有可能被解构。它规划了一个"原初"世界,对此,我们相信自己是无法接近的,正如我们深陷语言的牢笼之中。

德里达所宣称的"文本之外别无他物",到底是对何种物质世界的质疑呢?原子?细胞?化学物质?DNA?还是神经元放电(neuronal firing)?有些作者对科学进行过解构,比如克里斯托弗·诺里斯、克里斯托弗·约翰逊,以及伊丽莎白·威尔逊,他们都指出,我们离德里达定义的"文本"实则很近。原子、细胞、化学物质或基因克隆之间的联系包含了诸多系统,在这些系统中,关联性差异让它们的空间性和时间性进入循环,组合与替代之间的间隔、连接和分裂相当于能量、生命、物种、物质性、秉性和情绪。约翰逊向我们展现了一组相似性。一方面是德里达的论点:"一旦被嵌入另一个网络,'相同的'哲学素(philosopheme)就不可能再是相同的了。"(Derrida 1981B,3)另一方面是基因材料的操作:"在基因技术中,要实现一个细胞 DNA 的变更,我们需要通过对基因组次序进行拼接(spicing)和嫁接(grafting),这类对次序进行重组的目的是为了对新陈代谢或人体结构的某些方面做出修改。"(Johnson 1993, 182)德里达的论点不是去否认物质性,"文本之外别无他物"只是想强调延异对物质性的重要意义。

第四章 未　决

　　增补的概念……在于内部孕育了两种意义,这两种意义的并存(cohabitation)十分奇怪,它奇怪得如同一种必要性。增补为自身增添了点东西,这个东西是种剩余——一种充裕要让另一种充裕变得富裕,它是最为充足的在场。它对在场进行积累(cumulates)和累积(accumulates)。也正因此,艺术、技艺(technè)、意象、再现、惯例等都是自然的增补;它们所含有的积累功能十分丰富,而且功能完整。这种增补性以某种方式决定了所有的概念性对立,卢梭于其中将自然的概念表述到一种非常高的程度,即自然应当是自足的。

37

但是，增补也会进行增补。它的添加（adds）仅仅是为了替补（replace）。它会进行介入，或者含沙射影在其位置上（in-the-place-of）；如果它可以进行填充，那么它的存在就好似那个填充空无的东西。如果它只是进行再现并制造了一个意象，那么鉴于一种先前在场的缺席，它依旧存在。作为一种补充和替代，增补是一个附属物，也是一个下属型范例（a subaltern instance），它的"出现"同时也是一种"替代／取其位"［takes-（the）-place（tient-lieu）］。作为替代物，它并非简单地被添加进一种在场的肯定性，它不会带来任何协调的效果。相反，通过对一种空无进行标记，增补才能在结构中获取它的位置。在某些地方，某些东西可以自己填充自己；只有让自己通过符号和代理被填充，它们才能完成自己。

——Derrida 1997B，144—145

德里达在《论文字学》中证明说，如同18世纪法国哲学家让-雅克·卢梭所使用的一样，"增补"这个术语的使用是"未决的"（undesidable）。"未决的"是德里达发现或创造的术语,在一组二元对立的两极中,它很难适用于两端的任何一极。正如延异既不是"在场"也不是"缺席",既不是"同一"也不是"差异"。增补既不是充足也不是欠缺。关于这种处于充足和匮乏(lack)之间的未决,我们可以在对一本百科全书的增补中找到它常见的范例。增补的言外之意便是充足。为了摆脱一种欠缺的状态,增补的目的便是让百科全书变得完整。然而一旦我们这么做,增补就将百科全书重构了,好似百科全书原本就是欠缺的。原因在于,如果增补不出现,那么百科全书也就一直会处于完整的状态。就此而言,增补的言外之意同时是"充足"和"匮乏",并且还是"未决的"。它会让事物变得完整的同时也让它变得欠缺。增补的含义既不是"充足"这个术语,同样也不是"匮乏"这个术语。正如德里达喜爱谈论那些未决的事物,增补既是"二者兼是",同时也是"二者皆非"。

在对卢梭思想里自然的增补性的讨论中,《论文字学》将其视为一种未决之物。德里达论证,在卢梭的文学、哲学、自传和政治学著作中,我们随处可见大量等级式和二元式对立,其中包括:原初对堕落、高雅对低俗、纯粹性对不洁性、美德对败德。这些二元对立和自然与文化之间的一种主导性等级相互交织。卢梭常常会描绘这样一种自然的状态,人类可能曾存在于他所假设的自然之中,但这种"自然"却在他的思想中带入众多复杂且难以预料的后果。在他的小说《新爱洛伊丝》中,卢梭描绘了一个小型且为我们所熟知的共同体,这个共同体是根据自然的诸多原则建立的。卢梭的《爱弥儿》是本关于教学法的著作,这本书写的是,我们要如何培养青少年,让他们的秉性符合自然法则。他的政治学著作《社会契约论》为我们提供了一套有关人类政治契约基础的理论。考虑到以上这些事物都是人为的,卢梭问道,我们是如何从一种自然状态脱离,并走向一种更为复杂的政治组织的?后者的建立有赖于一纸心照不宣的社会契约。

通过对卢梭的创新性阅读,德里达重新塑形了卢梭主要关切的问题。如果德里达的介入成功了,我们便会相信他精确地瞄准了卢梭的执念。德里达证明说,卢梭执着的正是增补的问题。尽管德里达有时会发明一些术语和概念,这些东西的未决通常是为了扰乱等级关系式对立，但他也常常发现这些要素会潜伏在他解构的文本之中。"延异"是一个被发明的术语，与之相比，"增补"则属于众多"被发现的"术语中的一员，这些被发现的术语不仅令人头疼，其内部还很不稳定。

纵观卢梭的写作，他将万事万物都描绘成是浪漫的、充满性意味的、感伤的、有历史意义的、有构型能力的、有教育意义的、政治的和文化的，好比一种增补。对于自慰，卢梭将其描绘成富有生产力的性事的非自然增补。他同样也将书写描绘成言语的增补，将邪恶描绘成自然的增补，将教育描绘成先天不足的增补，将保姆描绘成天然母亲的增补，将利用描绘成自主性的增补，将开采描绘成自然的增补，将他所深爱的女人们描绘成受他敬爱却丧失的母亲的增补，将新欢女子描绘成旧爱女子的增补。那么，增补的概念在他的写作中是一个自洽的概念吗？为了回答这个问题，我们必须反问：如果万事万物都是一种增补，那么，什么会是那个"已经被"增补好的东西呢？

为了让卢梭的理念自洽，自然必须远离他所描绘的玷污、不洁、模仿或替代。相反的是德里达的论述，他

40

认为卢梭主义的纯粹性和原初性并不是未受玷污的。在德里达看来，倘若自然的事物完全没有受到玷污，那么它就没有机会成为不自然的东西。柏拉图文本中的药（作为另一种未决），以及卢梭写作中的增补，它们都是其作者再现的东西，正如"一个侵略者或侵入家宅者，他们威胁着某种内在的纯粹性和安全"（Derrida 1997B，36）。德里达的反论点在于，在他看来，侵入家宅者潜伏在内部并伺机为一帮强盗敞开大门。

换句话说，德里达认为，谎称的玷污和不洁早已被包含在内了。在德里达看来，大多关于这类修辞性现象的术语，它们都是空间性的（spatial），它们包含了叠褶（the repli）：这是一种会再次成褶（re-enfolds）的东西。德里达表明，凡是卢梭陷入理念的地方，他就会引出众多新的划分，他会让自然/文化和纯粹性/不洁性的对立成褶，并不断将其叠褶*。德里达要说的不是稳定的诸多起源，而是要去证明这里有"一些具有反射能力的水

---

* 原文为"reduplicate"，源自"duplicate"（复制、复印、副品）。从词源学上来看，它源自拉丁语"duplicare"，即"使某物成双"，由"duo"（双）和"plicare"（使某物叠褶）构成。

池和图像",但它们并不具有一个源头或一个出处：差异本身就是起源。"因为被反射的东西就其自身已然处于分裂状态"（Derrida 1997B，36）。

在《多重立场》中，德里达提出了这样一种对解构的早期描述（如前文摘录所示）：解构阅读中有这么一个阶段，它会推翻一种对立，或者带来一种原本处于"高位"的"低位"。德里达指出，那些被认为是充足的东西，不论它是什么，它都内含有一种欠缺，就此，他将充足这个概念带到了低位。德里达表明，在卢梭的思想中，那些被理念化的女人替代的正是他痛失的母亲，痛失母亲的记忆好比叠褶，它折叠了一种卢梭从未有过的感受，这便是一种不可能的充足之感，一种他不可能获取的满足感和快乐。卢梭永远都无法重建自然的一个原初时刻，因为在这个自然中，先于它的那些时刻也不能缺席。卢梭对人类的众多自然状态进行了描述——不论是历史的还是假设的——它们都是异常多变的。它们包括了小型农耕共同体、拥有语言的原始人类、处于语言初期的原始人类、早期共有财产、先于财产概念存在的人类、先于或晚于恻隐之心出现的原始女性，或者家庭单位的起源。此外，每种被假设的原初状态都有可能包含了自己丧失的东西，它所采用的形式可以是其内在的玷污、替代、取代或补充。原初并不能脱离增补自主地存在。德里达对卢梭的质疑在于，后者对那些被称作是非自然的女性进行了贬低；同时，只要卢梭无法给予自然之物以一种自洽的描述，他便会对那些不自然的社会形式进行贬低。

德里达对增补性的兴趣远远超过了卢梭对它的使用。那些占据优势的术语（譬如"言语""白人"或"正常"）有时会带有被人假定的积极含义，即便如此，它们也会辜负某些理念。原初性会被延后，不论我们如何贬低那些达不到它要求的形式。德里达将这种时间和空间上的运动描述为"延后"（deferral）：遭受质疑的原初和理念永远都无法被确凿无疑地瞄准，它们总是处于延后的状态。德里达注意到了一种重申现象，在被反复重申中，那些占尽优势的术语既处于"高位"又陷入了"低位"，它们既是"好的"也是"坏的"，无论这种语境是人类学、古希腊哲学、家庭价值还是一份政党纲领。

让我们来举个例子，在当今美国的文化风气下，同性恋和同性婚姻常常会遭到公然的抨击，这些抨击会假借"家庭价值"的名义。异性恋就是理念，他们被认为是"自然的"。然而，对于那些以异性恋为名对不自然进行指责的人，单纯的异性恋也无法令他们感到满足。异性恋必须是"真的"异性恋，对于那些将弘扬家庭价值视为天职的人而言，那些"低配版的"异性恋会引发不适。在他们看来，家庭价值才是原初的和自然的。所谓"低配版的异性恋"，那便是无子婚姻、决定不要怀孕的女人、工作的女人、做家务的男人、自由价值观、非一夫一妻制，以及那些涉足非自然性行为的异性恋者。《纽约客》曾刊登过一篇颇具讽刺的文章，作者于其中尖酸地理论道，即便由宪法出面实行改革来取缔同性婚姻，这依旧治标不治本。问题照样会出现在某些婚姻之中，在那些不够男人的男人和不够女人的女人之间。作者还开玩笑地诘问："同性婚姻"这个现象难道不也具有令人不安的非自然性？为了达成家庭价值这个理念，我们或许应当多提倡足够稳定的性别差异主义（gender differentialism），这样才能让婚姻在父亲和母亲之间确立起一种符合传统的性别反差（gender contrast）

（Saunders 2004）。这番妙语连珠正中德里达下怀。

以传统的目光来看，我们便会发现一种取代，从一个有特权的术语（异性恋）到另一个术语（传统的婚姻），到另一个术语（因循守旧下性别定义中的男性和女性），再到另一个术语（性差异、传统性别、性传统、传统婚姻）。被传统主义赋予特权的东西实际上都是"自然的""生物性的""具有美德的"或"上帝创造的"，他们所作的斡旋就是将这些东西进行提纯，从而创造出一种幻象：这些提纯物会将我们推向"价值"、道德、上帝，抑或自然。它们的定义从来都不是完整的，并且总是在某种意义上处于延后。

这种传统的幻想通常都是有问题的。具有特权的术语既处于"高位"又处于"低位"，它们既是积极的，同时又是消极的。如同卢梭笔下的自然，异性恋既是"好的"也是"坏的"——对于那些认为同性恋是非自然的人，在面对异性恋的某些非自然形式时，他们谴责得比谁都积极。新的原初事物不断浮现，新的区分也随之不断兴起，因为原初性于其内部已然处于分裂状态。

就那些被视作原初的术语而言，它们都与附属于自己或增补自己的东西保有一段亲密关系。倘若没了人类崇拜者，一位神祇的意义会是什么？如果原初之物不是对世界的模仿，柏拉图式理念又会具有什么样的意义？就《圣经》的描述而言，除了作为一种犯罪和堕落的能力之外，人类的起源还有什么意义？德里达提出，对于任何一种可能的原初性而言，关联性与其增补都会破坏它被假定的纯粹性。德里达挪用了"增补"这个术语，他在卢梭的思想中找到了它；德里达将这个术语应用到了他一生写作的大量文本上。

每当这类刻意表现理念性原初的东西进入游戏，一次解构性阅读就有可能提出反驳：原初都是向其"外部"敞开的。这便是叠褶，或者说它在内部的中心将外部进行了折叠。大多对原初的描述或许需要被重新表述，它不应该被描绘成由增补带来的欠缺，因为这样会使它变得无法"自我在场"（self-present），也无法具备"自主性"；相反，我们应当以这样一种关系来描述原初性：是什么在复制它们？它们产生的是什么？或者，是什么充当了它们的再现、表达、恶化与堕落？

我们恰好借机认真思考：当德里达展开阅读时他在

干什么。在《撒播》和《论文字学》中，德里达分别对柏拉图、索绪尔和卢梭进行了阐述，而这些阐述实为一次创造，它倾向于以修辞来阐明一个文本内含或暗含的矛盾。只需仔细观察，我们便可找出这些作者文本内部老生常谈的东西，而这类老生常谈可能会与我们通常的理解有些差异。德里达以其典型的风格进行腹语，或者在将自己声音进行实体化的同时，重构了柏拉图和卢梭的书写。较为传统的阅读总会跳过或忽视那些隐晦的元素，德里达的做法是去凸显这些元素。当德里达在《撒播》中声称书写必须"回到一种它从未停止要变成的样子"——附属物、意外和过剩时，他作者似的言论令人困惑。在这个例子中，德里达"正在阅读"的是柏拉图。尽管德里达当然不会认为书写应当"回到"一种意外的状态，但是他写下了这个句子。他也不是在对柏拉图进行重复，因为柏拉图想说的并不是书写"应该"被贬低，这样便可以"恢复内部的纯粹性"。这个论点属于被德里达革新后的柏拉图。德里达正在以柏拉图的语调"说话"。一旦解构性阅读成功了，我们很可能会找到新颖且不同的方式来阅读像柏拉图、卢梭和索绪尔这样的作者。我们更有可能去质疑对书写的贬低，去盘问这些贬低背后的合法性和自洽性，并去思考以上做法存在的缘由——它们很有可能是得到了一种非法力量或"暴力"的维系。

第五章　文化、性别与政治

真正符合一种文化的东西不应该与其自身保持同一。不是去拥有一种身份，也无法去对自身进行认同、去说"我"（I）或者"本人"（me）；只有在与自身的非同一性中，才可以采用一种主体的形式，或者说，如果你愿意的话，只有在与自身的差异中，才能采取一种主体的形式。如果没有这种与自身的差异，那么就不存在文化，或者不存在文化身份。一个奇特且具有轻微暴力的句式："与自身"["with itself"（avec soi）]，也意味着"（与自己）在家里"["at home（with itself）"（chez soi）]（with，

45

avec，等同于"chez", apud hoc）*。在这里，自我差异（self-difference），与自身的差异（difference to itself），也就是与自身并从自身进行区分和偏离，这也会是（从）与自身进行差异［difference（from）with itself］，这种差异是内在的，同时也无法被还原到"自身内部"［"at home（with itself）"］。它将进行汇聚和分裂，正如"自己内部"/"自己家里"的中心/壁炉（hearth）那样无法被还原。事实上，它会汇聚这个中心，将中心与自身进行联系，直到它向这种偏离敞开。

无论以颠倒的方式还是以互惠的方式，所有的身份或所有的认同都可以说成是这样的：如果没有文化的话，自我关系（self-relation）是不存在的，

---

* 英语中的with相当于法语中的avec，作者在这里将它们在短语中的用法等同于法语中的介词chez。区别在于，chez soi表示"在某人家"，相当于英语中的"at one's（own）home"，但在字面上也可以理解为"在某人内部"。而法语中的avec（即英语中的with）最初的写法是avoc，它源自于民间拉丁语（vulgar Latin，即罗马帝国西部使用的拉丁口语，它作为通俗拉丁语有别于古拉丁书面语）的 *ab hoc，即源自apud hoc，字面义为"与此"（with this）。

也根本没有自我联系。但是，这里会存在一种属于自我的文化，如同一种属于他者的文化，一种双重属格（the double genitive）的文化和一种与自身差异的文化。关乎双重属格的语法同样意味着：一种文化永远都不会是一种单一的根源。单一谱系学（monogenealogy）总是文化史上的一次神秘举动。

——Derrida 1992C，9—11

对于那些重视种族原初性或纯粹性的人，德里达担心他们可能会陷入"挪用式疯狂"（appropriative madness）（Derrida 1998A，24）。在解释自我、身份或经验的时候，德里达通常都会注意不去涉及这个人的历史或文化根源。这并不是说德里达相信一个人应该规避历史或自传式自我指涉。问题在于，通过佯装其根源是固定的，一个人是否可以以此来进行自我指涉。或者，一个人是否质疑了他们集体的、不稳定且有裂缝的本质。在多部自传式写作中，诸如《巡环自白》（1993），还有已出版的讨论集《论话语》（1999B），德里达讨论了自己身处的含混关系：作为一名法国籍阿尔及利亚人，同时还是一名犹太人,就根源而言,他会将其命名为法籍马格里布人(Franco-Maghrebian)。德里达并没有规划出一个统一且固定的私人根源,他所强调的恰恰是这个根源的分裂本质。对于法国本土,他既对它表现出抗拒,同时也在对它进行认同。相似的分裂也出现在他和学院派的关系以及家庭出身的关系上,同时,还出现在他的性身份上。

德里达在《另一个航向》(1992C)中讨论了欧洲政治,他认为我们不能简单地支持一种"差异"或"特别"的政治。欧洲会被推向"自我封闭的土话"(self-enclosed idioms)和"微不足道的民族主义"的碎片之中。从另一个角度看,我们也不能苟同"欧洲"的权威是一种传统,更无法赞同这份权威享有支配权。那么,我们该如何做才能同时包容和解构碎片和统一、理念化的特殊性和享有支配权的全球化,以及本土法和国际法?(Derrida 1995A,360)德里达强调说,责任在于和矛盾展开斡旋,却不保证矛盾得到解决。对于一个他者所付出的代价,或者伴随进步所维系的阶级准则,该政治立场要与它们展开斡旋,并让它们变得可见。持续不断的思想斡旋是对权威主义自我赋权的改进。确定无疑的价值或理念总是提供了一把保护伞，一旦这份保护缺席，德里达所谓的责任的概念便会出现。这并不是对不负责（irresponsibility）加以肯定，也并非是虚无主义或寂静主义（quietism）*。与存在主义相比，对责任而言，只要那些可信赖的道德理念未能形成一个视域，自由的概念便会得到肯定。德里达并未让我们看到任何具体的东西。他明确地表达了一份压在我们肩上的重任，只要我们尚未清晰地界定责任的概念（除了我们已经继承的可解构性概念之外），我们就必须扛起这份责任。

作为一名哲学家，德里达对语境产生的差异很是敏感。即便这样，对那群参与社会激进运动的人们，他还是怀以谨慎的态度，其中就包括了女权、族裔、民族和文化政治。德里达小心翼翼地处理着这些所谓的身份政治。在第二章中，我们就见识过了德里达在颠倒策略中总是有所保留，因为这些策略的目标就是为了将原本处

---

* 寂静主义是基督教神秘主义的一种形式，禁止消极的冥想以及意志极乐的消亡，是一种安静且消极的状态。它最早于1675年由西班牙牧师莫利诺斯提出。

在低位的东西带上高位,对被贬低的东西进行拔高。德里达的目标是去扰乱身份的诸多理念,而不是去固着它们。他曾评论道:"我之所抵制这项运动,是因为它走向了一种少数团体的自恋,这种倾向随处可见——即便在女权运动中也能找到其身影。"(Derrida 2004,21)

尽管德里达对女权运动的某些形式表现出了模棱两可的态度,但其著作中有大量的论述都和解构男女之间的二元对立相关。几乎从德里达最早的著作开始,他便对性、性差异、谱系学和女人在哲学史中的地位展露出了兴趣。他的兴趣如此之浓烈,以至于在人们的描述中,《论文字学》都拥有了"一种怪异的'女权'之声"(Jardine 1985,188)。在一些早期的著作中,延异成了一个有关性区分和延迟的术语,它是一场关乎性差异化的无尽游戏,会让性身份受到质疑,同时也会动摇我们确信的绝对男性和绝对女性的观念。一个人所拥有的男性性(maleness)或女性性(femaleness)真是确切无疑的吗?这难道不是一件关乎复杂网络的事情吗?它牵扯到了生物学、行为、性征和谱系学。在德里达的早期著作中,我们会发现他不断与这个问题展开游戏,并且不断质疑他自己的自洽性：他是个男人并像个男人一样在写作。

女权主义者们的回应出现了分歧。有些人在一种解构性女权主义中看到了众多可能性，然而另一些人则挖苦德里达，将他的行为视作对女权主义自省的一次挪用。此外，在两篇富有争议性的发表文章［《蜂窝里的女人们》（1987）以及《编舞》（1997）］中，对于正在被制度化的女权主义，德里达深表忧虑。女权主义或许不得不放弃它对进步的信心（Derrida and McDonald 1997, 25），并且放弃以下推断：一切都进行得顺风顺水——我们会从一个没有那么女权的过去走向一个更为女权的未来。可是，这些说法似乎带有德里达对性别研究和女权主义目标的肯定。在德里达的数次解构性阅读中，他分析了好几位经典哲学家文本中所谓的"菲勒斯中心主义"（phallocentrism）。从某种意义上来说，权力、特权和权威都和男性气质形成了关联，并由此成为"中心"或"根源"。女性气质也因此在历史上变得低人一等，成为男性气质的派生和附属。就此而言，德里达的做法和女权主义读者的利益息息相关。然而，即便德里达在菲勒斯中心主义传统中批判了理念化和贬损，女权主义可能还是无法从中抽身。即使德里达对女权主义的调和到了一种可能呈现了贬损和理念化的程度，但这并不能被视为是反女权主义的。

似乎会有人说，任何女权主义都应该同时伴随着一种去解构女权主义的努力。这可能会推动对女权主义的建构。众多女权主义作者都投身于自我批评，她们会去批评女权主义的失败，因为它们未能充分考量源自不同背景、阶级、文化的女性的立场和当务之急。女权主义自身的诸多根源在于过度同质性的概念，这些概念会赋权给女性主体（通常被想象成白人与中产阶级）。在极端情况下，女权主义者在争取性别平等的同时，与之相伴的恰是阶级和种族的等级制度概念。

举个例子，在19世纪，女权主义者们据理力争女性的教育权和选举权时，通常很容易将这种可能性与一种野蛮和原始的幽灵并置。与它们相比，女人便被拔高了。原始的幽灵处在该对照的一端，立于另一端的恰是获得选举权、接受良好教育，并拥有了合法权益和财产的女人。一次德里达式阅读让我们对这样一个纠缠不清的过程变得更加敏感：在历史上，理念化和贬损彼此缠绕在女权主义的希冀上。"穷人""原始人"和"未教化者"都是想象出来的（如同女权主义希望告别的耻辱之颜），我们不用对此大惊小怪。德里达不断论证的正是这种不可能性——我们不可能不去相信和期望进步。可是，为了他／她前进中的理念，这个人也得欣然地接受为此付出的代价和牺牲的人。

一旦女权主义被制度化，它就有可能如同其他机构一样获取权威性（Derrida 1987）。没有任何一个集体可以幸免于对根源和身份的执迷。不断地仔细盘问并小心翼翼地前行，都要好过去固化任何一种政治。没有任何位置是永远可行的，它的出现总是冒着自我授权的风险，或许还冒着将其他选择或其他可能性进行边缘化的风险。因为这都是无法规避的，所以一种恰当的政治就是能进行斡旋的政治。德里达努力去采取一种"既……也……"的立场，在这个例子中，德里达既支持性别研究，同时也对性别研究进行了批判思考。他做出了大量关于斡旋重要性的强调，可它们都被女权主义批评家们忽视了。她们声称德里达的立场是反动的，仅仅因为这种立场对女权主义的支持还有所保留。另一种不同的回应则考虑到了德里达的诉求,它是一种斡旋的政治,而不是从众多"杂枝"中单单拎出一根。

那么,德里达可以为一次政治运动提供什么?现在让我们花点时间来好好看看吧!对于女权主义的某些方面,解构一直发挥着重要作用,尤其是解构作为方法,它要做的是去驱逐世袭的众多理念。例如法国女权主义理论家吕斯·伊里加雷,尽管她对德里达一直持批评态度,却赞同德里达对哲学史的处理方法。在此方法中,他区分了宣告(declaration)和描述(description)。作为女权主义的一种手段,二者之间的区分非常实用。面对一段哲学史、精神分析和人类学,其中的女人都受到了贬低,或者过分地理念化,伊里加雷表明,这类对女人的再现具有不一致性,并由此提出,这些再现是不稳定的,它们是在自掘坟墓。

美国杰出的女权主义者和酷儿理论家朱迪斯·巴特勒也表露了对解构方法的兴趣。巴特勒表示,那些关于行为、道德法则、习惯和风格的性别准则,本身就是对副本的引用、赘述和复制,因为根本就不存在原初性。

有些人会被当成自然的女人和男人；与他们相比，另一些人则会被视作是"不自然的"。就一个刻板的例子来看，变装艺术家模仿的就是性别的法则，但他们有时却因此遭受"不自然的"骂名。可是，所谓"自然的"性别也可以被视作一种一般化的变装表演。它所涉及的东西几乎是对性别法则的无意识复制、引用和赘述。等级性对立在巴特勒这里不再稳定：一方是如假包换的、原初的、自然的女人；另一方则是人为的副本、变装表演。所谓的自然根源只不过是被污名化的人为副本的一般化形式。巴特勒总结道，性别准则中也不存在任何货真价实的根源。

巴特勒认为，一种性别准则从来都不会完全在场，因为它必须不断被重复。它的意义通过这些重复被悬搁（suspended），此外，它永远也无法被完全实现。因此，通过不断被重新引用，性别准则总是处于成形之中。而且，副本总是受到"再语境化"。每种语境都重新指向新的意义；每种语境自身随时都准备好了被再语境化。德里达在一次讨论中提出"语境之外无物存在"（Derrida 1988，152）。我们也可以针对性别法则做出相应的判断：基于我们前文的考虑，它们都处于这种"语境"和"文本"之中。

巴特勒提出了对性别准则的必要赘述，认为它也会让这些准则直面突变和转型。一个具有轻微差异的副本被另一些副本复制，而这些副本自身也总是具有轻微的差异。因此，性别准则和行为在社会中会发生不可避免的变化，不论它是否符合性化个体（gendered individuals）的意图。就我们与性别准则的关系而言，这或许是我们的"契机"或好运。

德里达表明，无论是去贬损女性气质，还是将性别二元对立成男性和女性，二者都可以被解构，我们只需通过"一般化"将女性气质变成"带有性标记的多音部多元体"，或者将其变成一个"带有不可认同的性标记的活动部件"（Derrida and McDonald 1997，40），借由各式各样的主体向四周散布。这一度引发了德里达的兴致，让他尝试"像一个女人一样进行书写"（Derrida 1973，299）。但德里达对女权主义最大的贡献，更多的还是出自他的一系列解构，他解构了概念史和（尤其是）政治思想对母性、女人和女性气质的刻画。

《友爱的政治学》(1997C)重构了子代(filial)和兄弟情义(fraternal)间的隐喻,在民主和政治联盟的历史性观念中,这些隐喻都有着自己的一席之地。就我们现已继承的政治学和公民权的概念而言,它们都混有一些和性相关的具体意象,这些意象属于男性公民之间的相似性和互惠性,作为一种政治样式,它不怎么包容文化上和性别上的差异。德里达反问道,这会不会抑制女人们对城邦(polis)的影响?或者,会不会抑制女人们对女人间联盟和男女间联盟之政治功能的影响?德里达论证道,纵观历史,友爱的政治学包含了一种"对女性气质的双重排除(double exclusion),对一个男子和一个女子之友爱的排除,以及对女人之间友爱的排除"(Derrida 1997C,290)。我们很少看到这样的样式或历史意象:它们将公民权的基础建立在女人间的团结一致,或男女间的同心同德上。相应地,伊里加雷说道,当女人最终在20世纪获得了选举权时,她们和男人同等地占据了一个象征界位置(a symbolic position)。女人们作为一种政治在场在历史上从未被正视过;伊里加雷认为这种政治在场总是就中性而言的,这才是真正的男性对等物（masculine equivalence）。要建立她们的政治参与就得对第一条路径进行排除。然而，伊里加雷和德里达都强调过，对女性气质的"完全"排除是不可能的。此外，在政治哲学史的写作中，我们会发现一种矛盾且自毁式的偏爱，即心照不宣地认可了政治参与者的男性同质性。

其他的女权主义者会声称，为了让女性在政治共同体内有效地参与行动，女性与共同体的关系需要新的隐喻。伊里加雷的作品在这方面产生了重大的影响。尽管德里达并没有在女性气质和男性气质上发挥任何新的作用，但他曾呼吁"让我们梦想一份友爱吧！它超越了同类替身（the congeneric double）的近似性……'超越了兄弟情义的原则'"（Derrida 1997C，viii）。

与其他意识形态或政治运动相比，女权主义不会过分地向自恋和权威主义倾斜。此外，有人似乎又说服了德里达，他过分地相信，女权主义在这一层面遭遇的风险要比它取得的成就更为显著。然而，德里达提出了一个论据：女权主义应当乐于参与对自身的解构，并将解构自身作为一种持续不断的女权主义形式。

第六章　交流的语境

"误"（mis），例如误－解（mis-understanding）和误－释（mis-interpreting），与那些不是"误"的关系根本不适用于所有事例的一般法则。相反，它们之间的关系是一种刻写在肯定性（positivity）、常态（normality）和"标准"（standard）之上的一般可能性（a general possibility）：按我的记忆，当我们在描述所谓理念的常态，或者所谓理解和阐释的时候，这种结构可能性（a structural possibility）必须被考虑到，与此同时，这种可能性既不能被排除也无法被反对。我们需要一种完全不一样的逻辑。

——Derrida 1998，157

就一个共同体的大小、它实现和谐的能力,以及其中潜在的交流而言,卢梭相信这三者之间存在着一种联系。如果一个共同体足够小的话,参与这个共同体的人便有可能同时看见并听见彼此。这种物理上的邻近性(proximity)有可能让共同体中的人们进行直接的交流,他们以此达成意见的统一。换言之,卢梭的意思是,在交流的一种理念形式和共同体的一种理念形式之间存在着一种联系。它们都涉及一种关乎透明性(transparency)和邻近性的理念:我就在另一个人面前,我还能感受到我们享有的共同理解。基于意见的统一,这便是我们之间理念式关系所产生的基础。

有些人会接受共同体的诸多理念,这些理念都基于一种交流的理念形式,而德里达对此表示异议。德里达提出了另外的解决方案,在他的倡导中,我们得接受"'误'的法则"。德里达声称,任何成功的交流在自身内部总是包含着另一种失败的可能。无论我看上去可能与他人相处得有多和谐,我们的交流总会沾上些污点,之所以会产生这些污点,是因为这些交流有可能包含了我们之间的交流失误(miscommunication)。一种关于讨论的新伦理由此成为可能：即便我们处在高度信赖的关系之中，或者天性乐观，也必须总是承认存在有"误"的可能性。我们的目标不是要去根除"误"，而是要和它进行斡旋，正如在先前的章节中，我们早已见识过了德里达的论证：我们应该去斡旋，而不是去否认一系列不可能性，它们包括一种自然的身体、一种自然的母性、一种对土地的天生权利，以及一种规避复辟独裁主义危险的可取的政治立场。

对德里达而言，这种失败的可能性正是任何交流的条件。对当代德国哲学家尤尔根·哈贝马斯来说，任何交流的尝试或对语言使用的尝试（即使是敌对的），甚至任何行动模式，都会预设一个与他人共享的意义视域。若非如此，我们便无法交流或言说。我们交往实践（communicative practices）固有的取向是一种"普世且不受束缚的统一意见"：共同的理解可能具备一个理念的言语场所——哈贝马斯的观点正源于此（Habermas 1971，314）。即使在误解最严重的语境中，依旧存在着一种为全人类所共享的"前理解力"（pre-understanding），它为成功的理解设定了标准。

对哈贝马斯而言，共享的标准构成了我们之间的交往实践，对此进行默认便让我们在交往的失败中确认了成功的可能性。相反，对德里达而言，一定程度的失败在交流中是不可避免的，但他同时认为这种失败也让交流成为可能。这种交流失败嵌在交流自身之中，它需要承认的是：我们可能无法完全共享这种成功的标准，或者，我们会误解我们之间共享的东西。对哈贝马斯而言，相互理解的理念暗含于日常语言和行为之中。对德里达而言，这样的理念是个不可能的幽灵。误解或交流失误中出现的"误"并不是反常的。"误"的风险是语言、行为和交流必要的组成部分。

德里达对"误"的评述源自他的著作《有限公司》（1988），该专著是对英国哲学家约翰·奥斯汀的解构性阅读。在《如何以言行事》（1962）中，奥斯汀将诸多陈述的形式描述成"做事情"（do），而不是"说事情"（say），譬如不是一个个体在宣告、结婚、允诺和洗礼的时候所做出的陈述。我们观念中的语言有时发挥着一种再现的功能，正如"婚姻"这个词有时会指向世间的一个事件——一场婚礼。然而，奥斯汀指出，语言也可以以一种不同的方式进行行动（act）。在我们使用词语的时候——如"我保证"，一个允诺便发生了。某类语言会完成一些动作。它们似乎拥有某种直接性。

通过对该主张展开解构，德里达指出奥斯汀附在这种施为性语言（performative language）之上的条件是值得关注的。显然，奥斯汀注意到，如果台上的演员不说话，一项允诺或一场仪式就不会发生。如果主持仪式的神父无权执行宣誓，那么这场婚姻便无法进行。奥斯汀无法预见该观点在30多年后所产生的重大影响。在美国，举行婚礼的同性伴侣的合法性前途未卜，究其原因就在于个体与各州之间、各州和联邦法之间的较量，以及宗教机构内部的交锋。这已经成了各州与联邦权利之间对抗的问题。美国单独的一个州是否有权禁止同性婚姻？是否有权判定其他诸州认可的同性婚姻无效？我们暂时得到的答案是肯定的。正如1996年由美国国会通过的所谓的《捍卫婚姻法案》，便对此进行了授权，并且否认了同性婚姻的联邦合法性。然而，它的法律效力能持久吗？很多人都认为《捍卫婚姻法案》是违背宪法的。从另一方面来看，保守派阵营已经采取了一些行动,目的便是为了达成一些符合宪法的修订来将婚姻死死地限定在异性恋伴侣之间。尽管存在这样的事实,即在一些州,同性伴侣一直都可以举行仪式,这些仪式既具有象征意义,也是合法或暂时合法的。我们既不可以宣称这些婚姻绝对是"成功的"(这些行为可能最终还是会遭受联邦法律或宪法修订案的挑战),我们也不能宣称它们是完全"失败的"(因为一场婚礼的确举行了,此外还包括一项象征行为或一项允诺行为)。

在讨论施为性言语行为(performative speech acts)时,奥斯汀觉得自己有必要做出一些说明:"说话的语境在某些方面,或者说在某种程度上,应该是恰当的……为一艘船命名的关键在于应该由我来为它命名,(基督教徒的)婚礼的关键在于我不应该是已婚人士……如果我说'我给你'一份礼物却从未将其给出,那么这几乎算不上是什么礼物。"(Austin 1962,8—9)尽管这些显而易见的结论不完全是奥斯汀揭示的,但是施为性言语行为显然有赖于语境。该言语行为所处的环境或语境影响着即时性。我现在说话时并没有带有强烈的讽刺,当我这么说的时候,我同时"废除了"(undo)我的承诺；在舞台上说台词也一样。这般事实用语境性（contextuality）中断了承诺的即时性。对德里达而言，语境包含了陈述，前者要么对后者授权（authorizing），要么对后者销权（de-authorizing）。这类授权行为总是很难说得清楚。做个比较极端的假设：规定近十年舞台上演员表演过的婚礼都应具有法律效力，他们的行为状态便会随之发生变化。事实上，所谓施为性，就是某些陈述会即刻完成一个动作，并通过这个动作融为一体，德里达将此描述为"权威的奢侈"（luxury of authority）。原因在于，施为性的前提是"生产一种施为性的"必不可少的权利、条件和权力（Derrida 2000, 468）。施为性的概念将人们的关注点从语境的重要性上挪走。然而德里达指出，我们应该关注语境的条件，正是它让一个"成功的"［或以奥斯汀的话来说，"恰当的"（felicitous）］施为陈述（或者言语行为）成为可能。德里达的观点并不是说不存在言语行为。相反，言语行为只能发生在事实上与它"无关"的东西之中：在该种情况下，它们是语境权威（contextual authority）、施为者可辨认的合法性，以及社会法律。此外，每个语境都受其他语境的影响，因此，语境从来都不是一成不变的，也不会有确凿无疑的意义，施为性言语的合法性或"成功"是存疑的。舞台上的演员提供了一个语境，影响该演员陈述的合法性的法律设置了另一个语境，可能相关的法律中的整体性变化还设定了一个语境，有可能用得上的相异文化和合法政权也有一个语境，诸如此类，无穷无尽。

奥斯汀在其讨论中还区分了恰当的和不恰当的（失败的）言语行为。那些似乎无法如愿完成的言语行为可能会被视作是不恰当的。在做出这种区分之前，奥斯汀已经指出，语言的某些形式会以不同的方式展开，它们并不是作为某种思想的交流，也不是对"某物"（thing）的再现（representation），它们实际上是在"做事"（doing）。德里达对此并未提出异议。但他追问道，将一个舞台演员的承诺说成是不恰当的，这意味着什么？这并非因为他想暗示自己对奥斯汀观点的异议——奥斯汀认为舞台承诺具有合法效力，而是因为他感兴趣的点在于奥斯汀书中所展现出来的语境状态。奥斯汀所提出的"恰当性"似乎在这个问题上至关重要。除此之外，恰当性和不恰当性的概念似乎在暗指某些看法:事物本"应该"如何出现。但问题是,这是谁的看法?奥斯汀认为不要将言语行为描述成意图的表达,诸如目标和希冀。在他的术语中,一种言语行为要么是,要么不是——我们并不清楚是什么在支撑"恰当性"的观念。德里达就此提出:

> 施为性交流再次成了一种意图性意义的交流,即使于先在的(prior)形式上、外在的事物上,抑或事物的状态上,这种意义并没有任何的指涉物。(Derrida 1982B,322)

德里达提出,语境让一种话语行为"入鞘"(invaginates)。这是一个德里达式术语,鞘将外部装入内部。在他看来,话语行为一直有失败的可能,而这正是每种话语行为的要害所在。这样的观点一经提出,德里达便将它拓展到语言的其他所有形式之上:

> 奥斯汀的做法属于一种非常明显且典型的哲

学传统，但他宁可与这种传统撇开关系。奥斯汀的做法是要承认否定性的可能性（the possibility of the negative）（此处指不恰当性）绝对是一种结构性可能性；还要承认，在这种顾虑下进行的操作中，失败是一种至关重要的风险。以一种理想的规则为名做出一个几乎是即刻同时（immediately simultaneous）的动作，随后将这种风险进行排除，将其视作一个例外和外因，基于这般考虑，它不会告诉我们任何关乎该语言现象的东西。（Derrida 1982B，323）

对德里达的批评者而言，这个例子恰恰说明德里达对作者意图的关注还远远不够：奥斯汀并没有那么关注不恰当性，也没有将言语行为视作意图的交流。德里达因此指出，我们不应该被由他的关注点所引发的诸多错误例证所误导，正如舞台上的演员做出的承诺，或者有人经历了婚礼仪式却没有在法律意义上结婚。相反，德里达被他自己所定义的"误"的一般法则所吸引。"缺失"（missing）的可能性与另一种语境的永恒可能性息息相关，它存在于对言语行为"成功"的实现，更为普遍的情况是成功交流的可能性，甚至是成功的共同体、邻近性或理解。

从德里达的观点出发，对一位作家而言的文本边缘要素，我们是应该忽视，还是应该重视？我们是要更为细致地观察奥斯汀舞台上的演员或未授权的婚礼现场，还是礼貌性地将我们的注意力从他们身上转移？按德里达的看法，我们应当更为仔细地观察。倘若我们关注这些要素，奥斯汀的文本会被变更。他的论点会被转变成某些新奇的东西，某些超出预期的东西。换言之，通过解构性阅读，我们能够清晰表达与任何言语行为相关的大量可能性。施为性语言与任何语言一样有赖于语境。然而，语境自身既不是固定不变的，也不是完全明确的。就让我们思考一下美国同性婚姻的含混性吧！我们可能会觉得，语境会告诉我们言语行为是否恰当。但是，并不存在单一的语境。这里有同性伴侣的亲朋好友提供的语境，也有同性社区和当代美国社会提供的语境。这里有当今时代给出的看法，也有将来时代提供的回顾式看法。还有当前的州法律和联邦法律，它们可能不会同意同性婚姻，因此也给出了不同的语境。正是因为我们对语境有着不同的思考方式，所以同性婚姻是诸多具有差异性的行动（不论其成功与否），可以用诸多不同的方式加以解读。

德里达同样挑战了当代西方文化中表面上的即时性，这种即时性由媒体和新技术提供，后者推动了交流和共同体新形式的出现。西方当代文化通常被描述成是具有全球性的，它具有更快的速度和即时性，甚至是超真实的（hyper-real）。在人们看来，共同体已经被这个电视、移动电话和互联网的时代彻底改变了。通过一些新媒体，如博客、维基百科，还有在线直播和互联网播送，我们便可更加容易地了解彼此的想法。万事万物似乎都在以更快的速度发生：数据和交流的传输，以及新闻报道。德里达探索的正是：我们时代的具体科技如何成为一种人造物（artifact）（Derrida and Stiegler 2002，3），如何沦为人类艺术和工艺的一种产物。通过这个术语，德里达抹去了表面上直接性产生的效果，同时也去除了一种诱惑性的印象——我们看到了"活生生的/直播中"（live）事物，或者我们通过科技直接出现在事物面前。

事实恰好相反,技术仅仅通过技术性手段产生了即时性的效果。在场、实际性(actuality)、即时性都不过是"效果"(effects)而已,因为它们都受到了这类技术的干预。电视上的事件都是经过编辑和挑选的。德里达想要根除这类幻象,即图像、事实和观点拥有无干涉的即时性。但这也并不是说交流"仅仅只是幻象"。所谓的幻象是人造的效果,人们幻想一种无干涉的纯粹直接性(immediacy)。德里达还想去除另一种具有诱惑力却实为虚假的看法,这个看法与当代先进的科技文化密切相关——通过当代技术,即时性和直接性不过在近期才成为可能。

我在客厅的屏幕上看到一张来自远方的面孔,能从电话中听到来自远方的声音。我本来要从档案馆和图书馆花大把时间去收集的数据,多亏了互联网,现在只需动动手指,它们立即变得唾手可得。即使这种表面上的即时性受到了这些当代技术的影响,但这里依旧存在着一种总是与我们相关的联系:直接性和技艺的幻象,它们会实现这种关系。让我们思考下原始的技术吧!诸如字母、铅笔、编辑过的话语、圆桌讨论后产生的协定,以及使用明了句法这一事实。它们都是一些似乎可以取消地理、时间和人际距离的技艺。我们都渴望一个可以让彼此相互理解的、直接的小型共同体;我们都觉得通往彼此交流的道路上存在着某些阻碍;我们都在一些机制上看到了希望,只要这种机制能够缩减这份距离。

德里达没有否认一支铅笔和互联网在技艺"类型"上存在着众多差异。但是,如果我们认为在某个历史阶段发生了更为简单的交流,这种交流达到了一种更为自然的直接性,那么我们便是在自欺欺人。这是一种由来已久的幻象,根据这种幻象(卢梭也对此深信不疑),小型的同质性共同体源自其中成员之间物理上的邻近性,只要身处其中,我们就可以更好地理解彼此,并在彼此之间形成更为统一的共识。随着共同体的不断扩大,不断变得缺乏人情味且多样,很多事情将变得不切实际:观点的一致、参与者进行的讨论,以及理解和物理在场的同步性。我们应当注意在这种观点中,文化的进步式发展会被当成堕落。随着现代生活更具匿名性和复合性,随着共同体的实际规模不断扩张,无论哪种直接性都会变得更难实现。

当今时代的悖论就出现在我们的信仰之中,我们相信技术可以为我们复归失去的直接性:我们之所以会失去,是因为我们生活在一个复合的分离式共同体中。似乎在我们看来,现代技术(航空旅行、电话和电子聊天室)可以方便我们相聚。但是,我们却从未拥有过完整的共同体(即使有些人会认为我们曾拥有过,只不过现在丢失了)。我们总是在某种距离上远离彼此,它可以是地理距离、情感距离、政治距离、代际距离和认知距离。此外,即便我们认为那么多的新技术允诺了我们即时性,但我们从未将其实现。相机、电脑、电视,还有即刻调查的结果,这些东西似乎可以将我们聚在一起,但它们终究还是站在了我们之间。德里达对我们的观念进行了解构:我们本以为存在一种完满和理念的在场,只不过这种在场被某种距离或社会分离所阻碍,但这种阻碍可以通过技术来进行消除,无论这种技术是钢笔还是互联网。

相反,德里达想要证明的是,社会纽带本身就是假定的或需要被阻断的。德里达承认,这份约束会让许多人认为他的思想带有虚无主义的色彩，或者对政治造成了一种威胁（Derrida 1998C，224），正如他不相信共同体的理念是"一个和谐的团体、意见的统一，以及不和或战争之下深藏有根本性的一致"（Derrida 1995A，355）。相反，德里达认为某种程度的不可理解和不可交流是交流中固有的，处在交流中心地带的恰恰是间隔化、差异化或延异。我们必须对此表示接受，而不是去哀叹；因为为之哀叹只会在彼此间引发一种关乎完全透明性的不可能的理念，此外就我们与理念的关系来看，它还会将我们视作是"堕落的"。

如果我们可以理解交流中包含无法交流、共同体中包含间距化（distancing）和间隔化的重要性，那么，我们便不会去拔高不可能的或默认的理念。德里达就此提出，一种斡旋的新伦理将会浮现。不可理解和撒播也将同样会受到尊重，而不是遭到压抑：它们代表的是重要的而不仅仅是负面的差异，这些差异存在于一个共同体之中，也存在于组成这个共同体的诸多个体之上。

这个关于共同体的看法极大地影响了一大批当代后德里达时代的政治哲学家，其中包括雅克·朗西埃

（1995）、让-吕克·南希（1986）以及艾利斯·玛丽昂·杨（1991）。共同体的理念并不在于我们可以完美地了解彼此或自己。如果和谐和社会同步性成为价值，那么，一个人可以极大地超出我的理解力和期待，或着实让他们自己感到吃惊，这些做法也会有其价值。交流和共同体的不可能性都是不可避免的，对这些不可能性进行肯定，有时也会产生有益的效果。

第七章　哀悼与好客

我们都知道，世界上有许多我们所谓的"被替代的人"（displaced persons），该称呼专指那些有权去精神病院却无法成为公民的人、无法被视作公民的人。我之所以对无条件的好客（unconditional hospitality）感兴趣，并不是出自什么思辨或伦理的缘由，而是为了去理解和转变我们当今世界正在发生的一切。

那么，无条件的好客就意味着，你不会向他者、新来者和客人提出任何要求，你不会要他们进行回馈，或者连身份都不会要他/她说明。即使他者剥夺了你的控制权或者你的房子，你也得表示接受。

纵然接受这些让你觉得很糟糕,但是这就是无条件好客的条件:你就得放弃控制你的房间、房子和国家。这当然更让人难以接受。然而,如果存在纯粹的好客,那它就必须被推至极致。

我试图让这种纯粹的好客之概念脱离"邀请"的概念。如果你是客人,而我也邀请了你;如果我正对你满心期待,并且准备好了要见你,那么,这里就不会有任何的意外之喜,因为所有的事情都井然有序。然而,假使要有纯粹的好客或纯粹的礼物,这里就必须存在一份绝对的意外。他者如同弥赛亚,在他或她想来的时候,就会降临——可能甚至都不会降临。故而,我要以"显圣"(visitation)这个传统且具有宗教色彩的概念来反对"邀请":显圣意味着某人的到来在期待之外,这个人可以在任何时候出现。倘若我真是无条件好客的话,我应当去迎接这种显圣,而不是去迎接受邀之客——我要去迎接显圣者。不论谁会出乎我意料地降临,我都必须毫无准备,或者为我的毫无准备准备好了。这可能吗?我也不知道。但是,假如存在纯粹的好客,或者一份纯粹的礼物的话，那它就必须包含这种没有视域的敞开（opening without horizon），它必须不带有期待视域（horizon of expectation），它仅仅是一种敞开，对无论是谁的新来者的敞开。它可能是令人不快的，因为这个新来者可能是个好人，也可能是个魔鬼……

胡塞尔还是给我们上了一堂意义非凡的课，甚至列维纳斯也是如此。在《笛卡尔式沉思》的第五沉思中，胡塞尔坚持，像他者这样的东西，根本不会有什么纯粹的直观（intuition），事实恰是如此；对于像他我（alter-ego）这样的东西，我也不会有任何接触的原初途径。正如你所知晓的一样，我只能通过模拟（analogy）或再现。因此这就是事实，像他者或他我这样的东西，是没有纯粹的现象或现象性（phenomenality）的。我认为这是一个不可辩驳的事实。当然，这也是现象学内部的一次断裂。遵循着现象学的原则，列维纳斯在这次断裂张开的空间内找到了自己的道路。我觉得这是符合事实的，但是这并不意味着我们必须赞同胡塞尔表态时的全部语境。然而，倘若我们接受这个简单的定理或原则，而这个原则背叛了现象学的原则，并以此远离现象学，那么，它依旧对我行之有效。现在，你可以将胡塞尔的表述换到另一个语境，这就是列维纳斯所做的事情，也是我要做的事情。但是，一旦我必须在教学中向我的学生们解释：当列维纳斯在谈及"他者的无限性"（infinity of the other）和"他者的无限他异性"（the infinite alterity of the other）的时候，他心里到底在想什么？每逢此时，我总会提到胡塞尔。他者在无限的意义上是一些其他的东西，因为我们从来都没有任何靠近像他者这样的东西的途径。这就是为什么，他/她就是个他者。这种分离（separation）、这种脱离（dissociation）并非仅仅只是一种极限（limit），相反，它也是与他者关系的一种条件——一种作为关系的非关系（a non-relation as relation）。在列维纳斯谈到分离的时候，这种分离充当的恰是社会纽带的条件。

——Derrida 1998B，70—71

在《论好客》(2000)这类晚期著作中，德里达区分了无条件的好客（他认为这是不可能的）和一种总是有条件的好客。好客是很多文化中的一种传统。在古希腊时期，异邦人常常能在一户人家或一个城市找到自己的栖身之所。对18世纪德国哲学家伊曼努尔·康德而言，无论在哪个国家，个体都享有一项普世的权利，那便是找到属于自己的栖居之地。即便如此，这项权利也是有时限的。此外，如果这些个体做出了破坏国家安全的事情，他们的权利也会随之受到质疑。在当代，许多国家会接纳一部分外来移民，但这是有条件的。影响这种接纳的因素可能会是像乐透中大奖的纯粹运气（比如在美国），也可能是满足特殊需求的技能，还有可能是身体健康。或者说，它就仅仅是一个临时避难所（如同澳大利亚在1999年接收了科索沃的难民），但这里的外来移民并不具备权利去质疑好客的优劣性；或者说，一位外来移民在多大程度上展现出自己受到了祖国迫害的风险，这可能也决定他/她是否会被接纳。不论是否合法，一个国家对于外来移民的好客有着极其繁复的限制条件，而德里达正是对此表示质疑的人之一。

在处理该问题的方式上,德里达最具特色的地方就在于:他考虑了绝对的好客何以不可能。当我们试图想象一种好客的诸多极限时,正如这种好客不具备任何条件限制,我们同时也要意识到这是一种永远都无法实现的好客。这不能算是种理念:它是种不可能的理念。读者可能会觉得这种不可能性太明显了,它甚至都不会具有任何引起人兴趣的地方;但在德里达看来,这种不可能性和有条件的好客之间有着重大关联。

我很可能就是那个最为好客的人,但我的大门依旧不会来者不拒,我也不会接受一切事物,或者什么都去做,我的一切行为都带有其条件和限制。我们同样会以此来谈论一个国家。德里达注意到(据他所知),这世间根本不存在一个会完全无条件接受外来移民的、单一民族的独立国家。那么,这种条件性(conditionality)和一种"纯粹"好客的不可能性之间究竟是什么关系?德里达说道,那些有条件的好客行为是会发生的,但是只有处在自己理念形式的不可能性的阴影下才会发生。假定在某一年,一个国家接纳了一定数量的外来移民,这种情况的发生只会作为一种绝对好客的不可能性，作为国境的无限制敞开——境内的全部财富为纷至沓来者唾手可得、所有人都敞门相迎。德里达不会觉得这种不可能性是毫无意义的。官方会来定夺该接纳的指标，他们要这么做就得考虑这个指标是否应该更大，然后给出否定的答案。这是一份允诺了"更多"的保障，然而它却处于早已被确定了的限定之中。这份思考在很多时候都可以按其字面意义进行理解。德里达援引了法国前移民局长米歇尔·罗卡尔的表态：考虑到外来移民的配额，法国无法再向世界上每个遭受苦难的人提供一个家（Derrida 1999A，116）。在关闭法国的"家门"时，罗卡尔同时开启了一种概念性可能（conceptual possibility）。有那么一瞬，人们会瞥见一丝另外的绝对性，一种无条件的好客被有条件的好客挡在门外。

德里达之所以对无条件的好客感兴趣，是为了"去理解和转变我们当今世界正在发生的一切"。在德里达随后的著作中，他对很多无条件的东西都产生了兴趣，诸如一份无条件的礼物（gift）、一次无条件的谅解（pardon），以及一种无条件的哀悼（mourning）。正如前述的每一项都被认为是"不可能的"，不可能性在德里达的晚期思想中不断发出强烈的共鸣。我会在本章和下一章中好好探讨德里达关于礼物、谅解、哀悼和弥赛亚的讨论,并试问一种不可能性的哲学可以做出何种政治和伦理贡献。

在德里达的哲学蓝图中,相比其前期思想,诸如《撒播》《论文字学》和《有限公司》,他对好客的看法显然可以被视作一个转折点。在德里达随后的思考中,他对理念的关注有了一定程度的转移,同时,他对他者的描绘也出现了些许变化。至今为止,我们每次在进行德里达式阅读时,考虑到的都是:一种"理念"的形式应该被视作是不可能的。不论是在德里达对柏拉图、卢梭、索绪尔、奥斯汀的阅读中,还是在他对母性、性别、自然、共同体和通俗文化中家庭价值的描绘上,都体现了以上观点。德里达强调说,一个理念的身体、母性、或女性气质,从来都没有存在过;原初的自然或完全的理解同样也没有存在过。在德里达的早期思想中,不可能的理念就是一群幽灵,我们其中有些人对它们报以怀念的态度,或是满怀希冀,有些人抑或想从它们身上找到些指引。诸如这类的东西,它们都遭到了德里达的解构。但是在我们现在转向的话题上,德里达以一种迥异的方式强调了不可能性,他还以一种异样的方式重新运用了"理念是不可能的"这个观点。这种不可能性具备一种诗学功能(poetic function),它相当于一种"他异性"(alterity)或"他者性"(otherness)。我们与这些东西具有一种日常关系,正如罗卡尔在设定移民定额的时候,他是通过调节一种不可能的门槛才得以实现的。在德里达的思想中,不可能性并不是某些引发理念化、怀旧或贬损的东西。相反,它能将我们敞开,并让我们朝向转变的诸多可能性。这看上去可能会是一个奇怪的例子,因为在罗卡尔的案例中,这种不可能性显然什么都没做。然而,罗卡尔奇异的表态却让其自身受到了瞩目。该表态让我们注意到,蛮横的权威也有其脆弱性。有些听众可能会直接以同意进行回应。然而另一些人可能会被惹到并诘问:"为什么不?"为什么不接纳更多的外来移民?为什么不表现得更加好客?是什么在设限?

我们需要注意,在前文涉及好客的摘录中,德里达曾评论道,"无条件的好客就意味着,你不会向他者、新来者和客人提出任何要求,你不会要他们进行回馈,或者连身份都不会要他/她说明"。这些评论表现出了一种转变,即对诸如柏拉图和卢梭这样的经典哲学家,德里达对他们的讨论方式发生了改变。从德里达最初的著作开始,他就在关注我们对待他者的方式。在《撒播》中,德里达将药描述成"哲学与其他者之间的战争地带"(Derrida 1981A,138)。柏拉图的药(如同卢梭式增补)是一个自相矛盾的术语。这里的"他者"是一个诸如"写作"的术语,它是受到了贬低或者作为被经典哲学家"他者化"的东西,他们这么做只是为了倡导某些术语(好比思想或言语),让它们变得更具有原初性。我们也都看到了德里达是如何提出反论点的:外部正处在内部的中心,"外部的意义总是处在内部之中"(Derrida 1997B,35)。因此,他者性也是影响同一性的东西。德里达是在《撒播》中使用了"他者性"这个意义,将它指向写作,认为写作是"存在内部他者的游戏"(the play of the other within being)(Derrida 1981A,163)。同样,我们也看到了德里达和索绪尔的辩论,德里达认为语言符号(language signs)受到了延异或他者性的标记(traced)。

可是，在上文的摘录中，德里达对他者性的讨论指涉的却是"他者、新来者和客人"。德里达盘问的是我们与其他人类的伦理关系。我们要如何才能接受与他人的关系？我们要如何才能处理好与他人的关系？——那些陌生人、外国人、外来移民、朋友，以及我们深爱之人。德里达对哀悼的讨论便成了一种思考该问题的方式。

德里达的讨论始于我们认识之人的逝世。某人去世了或者抛弃了我们——我们要如何面对自己必须得经历的哀悼呢？我们似乎久久无法走出来。哀悼看似是一个"异常的"（abnormal）阶段，在这段时间内，他者会活在我们的内部：

> 倘若他者迎来了自己的死亡，或者我们通过他者见证了死亡，那么，这位挚友便不复存在了，但是他却活在我们内部，活在我们之间。他不再处于自己体内，也不再通过自己存在，更不会是他自己了；他再也不在了，什么都没了。他仅仅活在我们内部。可是，我们再也不是我们自己了，我们也不会处在我们之间，或者与我们自己相同一。一份"自我"（self）

永远都不在它自身内部或者与其自身相同一。这种幽灵式反射永远都不会自我关闭；它也不会在哀悼的这种可能性之前出现。(Derrida 1989, 28)

为了让哀悼完全成功，我们应当有能力去克服一次丧失（loss）——那便是受质疑的他者的丧失。但是，万一我们能够克服他或她，哀悼中的有些事情似乎就已经以失败告终了。我们只需想想，如果一个人轻而易举地走出了死亡的阴影，那这感觉就好似对这个丧失之人的背叛。从这个角度来看，一次真正恰当的哀悼应该是一次我们无法完成的哀悼，这种哀悼会持续到我们自身的死亡。德里达说道，哀悼一旦成功，它便失败了。因此，哀悼为了成功就必须失败。就此而言，哀悼是不可能的。对于那些试图从失去挚爱的痛苦中走出来的人，德里达不想去痛斥他们。德里达自己也写了很多文章，并在文章中为他的好友、家人和同侪哀悼。这些文章的要点从来都不只在"学术"。不论对所爱之人还是所恨之人，很多人都曾有过丧失的经历。这些人可能会说：我们都害怕（也知道我们不可能）"完全"脱离某人，恰如我们在梦中还会与他们相会。

德里达式哀悼同样也回到了他对同一和差异的讨论。德里达不会将人看成彼此相异的自我封闭式个体。就我与朋友的关系而言,在其生前,我无法脱离他/她;在他/她逝世后,我也无法完全获得自己的独立自主。我永远都不能完完全全地离开他者,因为我永远都无法遗他者而独立。在一次完满的哀悼中,我会完全脱离他者。然而,这却遮掩了一个事实,那便是我们永远都处于与他者的关系之中,无论这个他者是生是死。

在开篇的摘录中,德里达间接地提及了一个重要的区分:弥赛亚性(messianicity)和弥撒亚主义(messianism),这便是对其"不可能性"和他异性相关概念的另一种阅读方式。一种弥赛亚主义(等候弥赛亚的降临)在德里达看来是一种教条主义,在它的影响下,神圣的他者(the divine other)受制于"形而上学—宗教式决定论"(metaphysico-religious determination)(Derrida 1994, 89)。在想象弥赛亚来临的时候,它会将一种新的原初和中心主义(centrism)看作是由一个神圣他者所创作的;它还会假定后者符合了我们想象的图景。相反，德里达认为我们应当祈求弥赛亚性的神助：好比"意料之外的意外……倘若我可以这么期待的话，倘若我拥有一片期待的视域，那么，什么都不会来临"（Derrida 2001B，67—68）。德里达对弥赛亚性的看法并没有局限在一种宗教的语境，而是将其进一步拓展到了他对他者性更为一般的描述之中。他对他者的评述可以应用到一个朋友、某个来自不同文化的人、一位病人和一个孩童身上。但于此也出现了一些问题：我们是否有能力认出他们？我们是否能够尊重他们的差异？他们又是如何让我们感到意外的？

在与另一种文化进行交流时或在与一个国家内部多种文化共存时，在和一个孩童相处时，或在与一位好友交往时，充分认识到差异方可唤起一种伦理律令（ethical imperative）。在以上这些例子中会出现一个常见的情况：每当我们假定他人像我们一样的时候，我们便"辜负了"这个人。本土民族和不同的文化有时会声称对文化的特殊性具有所有权；孩子们会声称他们天生就与自己父母有距离和差异；好友和恋人通常会抵制源自他们之间的一种假设——他们在经验和想法上具备了相似性。无论是将他者视为我的同一,还是将他们还原到我对他们的经验之中,从该角度来看,它们都是一次伦理上的溃败。

若此,德里达在回应时指出,我们无法将他者当作彻底的外来者进行遭遇。在某种程度上,他者总是根据我的期待视域被理解。不管我们在多大程度上让自己去适应他者,对另一个人的经验总会局限于我们的感知、我们先入为主的思想,以及我们的经历。就此而言(然而,我们必须留意德里达思想中的不可能性具有其特殊意义),他者可以被描述成于我之"不可能"。

就德里达的理解而言,他异性是不可能的。这种看法貌似有悖于一种"差异的哲学"之意图。这也是让许多批评家犯愁的地方:对他者性的这种刻画似乎让他者成了一个自我封闭的自主型实体(a self-enclosed autonomous entity)。这个看法似乎在他者的他者性中提倡了一种根本性的实质(fundamental substance),仿佛它拥有某种实在(reality),这也是一个让否定神学家们(negative theologists)着魔的问题。德里达似乎在暗示,我们无法对一个绝对他者进行无条件的好客。然而,让我们好好想想,在德里达对哀悼的展开中,他另辟蹊径,希望将自我封闭的主体刻画成一种彼此自主的状态。这也是引来众多批评家关切的焦点。在对他者之不可能性的处理上，德里达是如何规避将主体和他者刻画成彼此自我封闭的状态的呢？

他处理不可能性的方式为这个问题提供了一份答案。就德里达而言，不可能性是一种经历或一个事件（event）。这是一种我们所拥有的关系，这便意味着我们从来都不可能是众多自我封闭的同一实体。不可能性并非一种我无法获取的可能性。相反，我因不可能性而受到差异化。此外，对作为一种存在的我而言，这也是将我和他者性置于关系之中的诸多方式之一。但当国家的边界或家庭的所有地向客人或外来移民敞开时，有条件的好客将我们置于我们和不可能性的关系之中。我们有负于一种更为大度的慷慨，而且，那种更为大度的慷慨的不可能性会阻挠我们展开有条件的好客。虽然我于尘世间怀揣着最为美好的善意，但与此同时，我对他者差异的敞开却注定要成为无果的尝试。而这种不可能性恰恰栖于我的尝试之中；它还将我置于一种不一样的关系之中，而我与受质疑的他者恰好处于这种关系内部。并不是说那种不可能性什么都没"做",它对我进行了干预,还给我的同一性增添了复杂性。

那么,这又何以产生了转变?在一定程度上,它关乎着我们是如何与不可能性开展斡旋的。再让我们想想那些政府表态吧!例如他们在移民问题上设置的理性限制和理性条件。对于机构明面上表现的慷慨与其暗地里违碍之间的相互关系,德里达表现出了浓烈的兴趣:"当这些主人在明面上摆出自己最为慷慨的一面,该行径也将他们指认成了最为狭隘的人。"(Derrida 1999A,116)法国前总统密特朗曾一度在他对移民政策的讨论中使用了"容忍门槛"这一表达。这被当作一个阈值点,如果超过这个点,法国选民们会奋起反对法国当今的移民现状。法国很乐意接纳一定数额的外来移民。纵然这是一项表达法国国家性慷慨的行为,但它还是无法在实现其慷慨的同时,在修辞上规避唤起一种不可能性的幽灵。这个幽灵处于它的门槛之外。虽然政客们要求选民们接受这个关于门槛的概念,但是"容忍门槛"这个术语引出的疑问比其所能提供的答案要多。它带来了一些可供探讨的问题:那道门槛的极限以及超越它的可能性

（即使这被认为是不可能的）。这个概念的专制性反映出其本质是很不稳定的。从政客们的表态中暗示出的限制已经预示着：它让封闭思想成为可能。

通过解构性读者的阅读，这种表态中的封闭也可以被转化成一种想象——在划界线的门槛之外会有什么？这便是德里达关于好客、哀悼和弥赛亚主义的著作对思考做出的贡献。对那些思忖着要一步越过门槛的人而言，专制的主张会同时以积极和消极的方式激发想象。解构性干涉指出，正是法国政府的专制，它设定了一种自相矛盾的可能性：我们在"门槛"之外想象好客。当我们说出"门槛"这个词的时候，我们难道不也暗自陷入了这种诘难之中吗？这为我们提供了一个优秀案例，它让我们可以好好看看，德里达到底是以何种形式对转变展开思考的。对于前部长罗卡尔和前总统密特朗的表态，读者们或许有能力开展另一番解读，但这般能力可能还远无法令他们自己满意，因为他们寻觅的是对行动的倡导，而行动的目的是为了催生社会变革。但是说德里达的思考意在取代后者，这并不准确。德里达提供的是一种阅读方式。让我们先回到那些专制的表态之中，我们想要做的是去终结这些表态,我们的目的是去找到一种更为慷慨的移民政策。德里达提出,我们要去修正那类表态,只有这么做,该表态才会被转变成一次反思。不用理会它自己先前说了些什么,它会接着去思考一种更为慷慨的移民政策。在我看来,德里达的读者们似乎就是在此产生了分歧。这就相当于前面章节中提到的舞台上的演员。当作者让我们将视线从演员身上移开时,我们真的会在字面上理解这条建议吗?或者说,我们会不会遵循德里达的提议?这份提议能否会为我们提供一个契机,让我们进一步去观察并改变那个演员的示意?当罗卡尔部长宣称我们无法给每个遭受苦难的人提供安家之所时,我们是否会将他的教条主义视为不可动摇的表态?或者说,我们是否会积极地尝试去对它进行转变,转变为一种对其他可能性的私下反思:在极限条件下,给予每个遭受苦难的人以安家之所。有些人可能是更加留意字面意义的读者,他们从后者身上看到了无望。而另一些人则会着迷于罗卡尔先生表态的方式,他的表态对自身进行了解构,这让该表态走向了诸多另外的可能性,还实现了更多想象中的事情,比说话者在表态中认可的东西多得多。我们进行阅读是否就是为了这些困于政客们最糟糕的表态中的"想象可能性"呢？还是说，我们会对它们视而不见？德里达试图将我们熟悉的事物变得陌生，经由他的方案，我们是否会将这些想象可能性转化为一些陌生且意料之外的姿态？如果这些表态本身就为我们提供了大量的字面意义，那么，我们是否还需要于其中找到足够多的字面意义？还是说，我们要尽可能多地于其中找到非字面意义？德里达还提供了另一种途径来充实我们的政治和社会世界，他的方式便是在最为直白的表态中发掘意义的多样性和非主流性。

第八章　给予与原谅

　　只要存在礼物,就必须没有互惠、没有返还、没有交换、没有回礼,也没有债务。如果他人向我归还礼物、欠我东西,或者必须向我送回我给他／她的东西,那么,这里便不存在礼物一说,且不论这次"物归原主"是直接的,还是一次复杂算计的安排。这次算计本身就是一次源自长期的延迟或差异(延异)。如果他人,这个接受礼物的人,将同一件东西直接归还于我,那这一切就实在是再明白不过了。

　　只要存在礼物,接受礼物的人就必须不要去归还、摊还、偿还、付讫、立契,这个人必须永不负债……接受礼物的人应当将礼物归为自己所有，他甚至不要将其归还，他不负有任何债，而给予礼物的人也不该指望物归原主。因此，就极限而言，他是否不需要将礼物当成（recognize）礼物？如果他将礼物当作（as）礼物，如果礼物（present）的呈现（present）对他而言如同礼物（as present），那么，这么简单的"当成"足以对礼物进行取缔。为何如此？因为，就让我们依其位置而言，它归还了一个象征等价物（symbolic equivalent）。

——Derrida 1992B，12—13

将某物当成一份礼物会带来某种可能性，即这份礼物具有互惠性的潜质。如果说我期待一份礼物是互惠的，而这份礼物又有赖于我的期待，那么，这份礼物会成为一次交换、以物易物，甚至是交易。我们都有过这般经历：一位恩主渴望受到赞誉，而这份渴望却和施与之礼不相称。如果说我想要别人把我当作给予者，就此而言，我就辜负了我交付礼物的冲动。同样，当我渴望回报时，也是如此。就我渴望互惠的程度而言，我依旧无法完成交付礼物的冲动。极端（却是日常）的案例随处可见。一名男子帮了他的孩子们，并告诉他们他也希望自己能得到相应的帮助。该男子在帮助他人时体现出的慷慨便大打折扣。我的朋友赠予我一份漂亮的礼物，而我却为它的价格感到不安。我是否必须进行等价的礼尚往来？当我们意识到自己被人赠予了一份礼物，我们就已然陷入了这段令人焦虑的关系之中。然而，如果我们不这样思考礼物的话，它便会失去其意义。最为极端的思考是，一份礼物要成为一份礼物，它就必须不是一份礼物。因此，礼物成为可能的条件就在于它成为不可能的条件，该警句贯穿了德里达的思考，并于其思想中不断复现。就不可能性产生的效果来说，德里达认为它是具有生产性的。德里达并没有说礼物不可能出现。相反，他宣称的是，礼物自身的不可能性让"给予一份礼物"这个事件发生了。

德里达随后对礼物的解构性阅读与其先前的思考有所不同。德里达的哲学建基于一种广泛使用的对被贬低的术语进行"一般化"的策略。换言之，它试图为被贬低的术语找到一种定义，该定义宽泛得足以囊括与其对立的重要术语。这便需要在极限上（at the limit）展开阅读。我们会发现自己处于某些构想之中：如果书写与原初的想法之间存在着一定的距离，前者会因此变得无法信赖，那么，言语会不会是书写在极限上的一种形式呢？在以礼物为主题写作时，德里达不再对被贬低的术语进行宽泛定义，相反，他再次步入极限进行阅读。就我们必须将礼物当作礼物而言，如果一份礼物在这个程度上还谈不上是一份礼物的话，纯粹的礼物是否在极限上就会不当作一份礼物呢？

这听起来很是抽象。然而，德里达对一份"纯粹的"礼物的不可能性展开了一番彻底的解释，当我们遭遇德里达所描绘的矛盾之处时，该解释便会对我们的日常生活产生一些影响。只要我们埋怨礼物的非互惠性，或者期待收到礼物的人给予某些回赠（例如认可、感激和等价物），我们便已知晓：我们正在暗中瓦解自己的礼物。

相似的是，德里达也提出，谅解或原谅（forgiveness）都是不可能的。真正的原谅是要去原谅那些不可原谅的人（the unforgivable）。德里达正在拓展我们的理解：如果原谅过于轻易地被给予，我们便会错过某些东西。如果要让谅解成立,我们必须不确定自己能否被谅解;原谅必须是来之不易的。如果原谅过于轻而易举地被给予,那么这里便不会有真正的原谅。众所周知,我们越是轻易地原谅某人,这份原谅就越没价值。在极端情况下,一次原谅既不会消耗什么,也不会有什么意义;一次原谅很难算数。我们越是难以去给予原谅,这份原谅就越是意义非凡。故而,或许只有一种不可能的原谅,一种对无法原谅之人/事的原谅,才能算作一种真的原谅。"这毕竟是可以原谅的"——或许只有到了这个程度,纯粹的原谅作为一种行为才没有发生。但是,因为真正的原谅只能是去原谅那些不可原谅的人,德里达顺势提出,真正的原谅是不可能的(Derrida 2002A,349)。

在讨论"谅解"的时候,不论它是法律上的、政治上的、还是私人的,德里达将他对谅解之不可能性的定义进行了拓展。对于那些出自人性之恶和危及人性的罪行,真的存在可以给予原谅的无罪之人吗?真的存在一个完全被豁免、有资格展开审判并给予宽恕的人吗?此外,如果一个人要去原谅某人,但前提是他们都要进行忏悔与改变,那么,这个决定去原谅的人是否正在原谅"另一个"主体？对"成问题的主体"（subject in question）真正的原谅显然是我选择去原谅的意愿（willingness）——我愿意去原谅一个完全不去忏悔的主体，他／她可能会毫不犹豫地重蹈覆辙，并乐此不疲。这么一种不可能的、彻底的原谅才会是唯一的、"真正的"原谅。另外，在一种真正的、彻底的或者"纯粹的"原谅中，原谅者和被原谅者对不确定的伤害、罪愆或暴行都必须具备同一种理解。可是，要让一种完全和谐的理解和经历出现，这本身就是件不可能的事情，就好比随便让一个主体从一个不确定的事件中获取一种确定的、与自我相同一的，以及完全被接受的经验、理解或记忆一样（且不论这些主体是该事件的受害者还是始作俑者）。德里达同样也提到了他对主权感到的不适，这是一个人在选择原谅时篡夺的一项权力。当我们认为自己可以原谅别人的时候，我们将自己假想成了什么样子？任何一个亲属、子嗣、国家，抑或集体都无法代表另一方给予真正的原谅。但是，有没有某些人可以代表"他们自己"给予原谅呢？一方面，进行原谅的主体和受难的主体并不能做到自我同一；一个受害者可能并不在给予原谅的位置上：他们可能已经被剥夺了言语、自洽性，或者生命。另一方面，原谅在某种意义上就是对一种主权的维护，这种主权超越了无法原谅的限制。然而德里达说道，"纯粹的原谅"将会是种没有自封主权的原谅。纯粹的原谅要求去原谅一个人无法原谅的事物。出于以上种种原因，纯粹的原谅是不可能的。

德里达的论点并非要去反对所有想要给予、原谅、欢迎和哀悼的冲动。相反，德里达想要我们注意到这些给予、原谅和道歉都具有过分油腔滑调的形式。在政治语境中，国家和政府的道歉行为总是不计其数。不论涉及的是对主权的利己式拓展，还是对一个受害者遭遇的挪用，他们都在不断失败。在一次道歉行为中，这些失败的行径付出的成本微乎其微。有条件的和（不可能的）无条件的好客之间的关系引起了德里达的兴趣，透过他对政府关于移民和政治避难政策的反思，我们也可以看到他的这种兴趣。令人沮丧的是，这些政策往往都是有条件的。当一个政府接受那些寻求政治避难的人时，受到政治庇护者常常被人期待——不要去质疑好客的本质，也不要提出更多的要求。政府代表通常都会发表一些愤世嫉俗的公众声明，这些声明会表达他们国家所主张的理念价值，并对同情和人道主义进行夸耀。这种丑恶可耻的自我认同根本就不会是"纯粹的"好客，我们都不用去思考过度受条件制约的好客的本质。通过强调真正好客的不可能性，德里达让我们进一步去思考一系列不间断的失败，组成这些失败的正是有条件的好客。

有人可能会好奇，德里达的思想中到底出现了什么样的准则？德里达显然并不赞同那种特别自夸或粗枝大叶的原谅、好客和慷慨，尤其是当它们都来自机构和国家时。一位哲学家很可能会说，最有可能的好客会在最大程度上接近一种理念性好客。这并不是德里达的立场。诚然，德里达会说，最有可能的好客会辨识出一种理念性好客中的不可能性。只有从这个立场出发，好客才会果敢地与一种空无（void）交锋。这可真是令人大开眼界！我们必须试图去获取这种最有可能的好客，它只有在一种理念的缺席中才能达到。这是一种异常严苛的政治学。与之相比，近期美国、法国、英国和澳大利亚的移民局长官们最不愿意承认的一件事便是：在固有的权威或一种合法理念的公然缺席中，我们必须尽自己的可能做到最好。相反,这些人在矫饰的自我辩白中拔高的正是那些无穷无尽的理念的幽灵:国家和谐,对正当程序或者容忍门槛的遵守。

我从未听闻有哪位政客曾公开对这些东西进行解构性反思。然而就政策而言,德里达的构想在政治上已经激起了一些回应,在日常生活的层面上也惹来了一些小小的伦理碰撞。我们和他者性都栖居在一种不可能性的形式上,这种形式要么对我们进行干预,要么对我们进行差异化。这会导致自满的情绪,即自我满足式的个人或政治的确切性——某人已经表现出了好客,某人已经给出了一份礼物,某人已经得到了令人满意的原谅。这类满足属于一种不可规避的失败。相反,德里达提出的是一种耐心、专注和斡旋式关系,我们以这种关系来处理自我于他者不可避免的辜负。"对啊,对啊,我的朋友啊,我是知道的,我也向你承认,我有负于你!"——对于这类不可避免的、失败的自满式承认,德里达并不想进行解释。我们并不能为一项可鄙的努力进行辩护,并托词说:反正所有的好客都是有条件的。这种不确定的伦理似乎天生就让人不适(但德里达在内心也并没有自由地吐露强烈的情感）。这也是"斡旋"这个术语起作用的理由之一：因为一个人的失败与其成功一样，他只能继续试图去聆听并回应这些失败，而这些失败都伴有一些成功的可能性。这便成了一次在不断进行中的实践。

在后殖民政治和理论中，责任和斡旋这类解构性概念的影响力已经得到了证实。譬如，让我们思考像加亚特里·查克拉沃蒂·斯皮瓦克和霍米·巴巴这些当代作者的思想吧！斯皮瓦克和巴巴解决的一个问题是：文化差异是否可以被再现？在殖民语境——法律、文学、往来书信和行政政策——中，印度和非洲的民族都成了对欧洲人的再现，前者作为后者的对立或者作为后者的另类"相似"。不论以何种方式，就与欧洲人的关系来看，文化差异都被当作是可翻译、可理解和可沟通的。后者被当作了前者的对立面或同一体。对一个被殖民的他者的再现也同样存在着失败，这时候，人们认为他或她与欧洲人"不像"了。这样的再现像极了一些种族歧视的做法，它们将种族的他者想象成是难以捉摸的。这样的窘境很明显，比如澳大利亚对土地权的争论。如果澳大利亚土著和澳大利亚土地的关系脱离了西方财产所有权的模式,那么这种假定便会引来问题。假定这种关系符合西方模式,同样也会存在问题。前者可能不足以保障土地权的改革,尽管以近期确立的法律观点来看,澳大利亚土著所拥有的土地的确受到了非法剥夺。后者假定了所有的民族都一样,它未能公正地对待文化上的差异。我们会意识到,每一项策略都以失败告终,不论它强调的是可翻译性还是不可翻译性,或者它使用的恰是翻译性的概念。面临这类窘境时,斯皮瓦克提出,最具责任感的立场源自一种"斡旋的"立场。有时,我们必须对这些策略进行协调、变更,或者同时进行操控。但是,以一种具体的、解构的意味来说,这种再现是"不可能的"。"成功"失败了,而"失败"成功了。

有时,再现一个被殖民或被夺权民族的感情、思想、意图、需求、传统、政治诉求、文化具体性,可能会需要一些策略;有时,做出以下强调也是很重要的,即一个个体和一个民族都无法完全被再现,也无法以传统的欧洲语言或术语进行表达,抑或说,任何语言都无法对此进行表达。在不同的时期,一个或另一个策略可能就一段时间内而言是"最佳的",但对于什么是"最佳的"并没有绝对的定义。即使它的形成与我们的自负、教条主义或理念化无关,一种策略还是会搅起牺牲和损失。如果有那么一个人,他/她觉得自己可以再现另一个人或民族所想、所说、所欲、所知、所图的话,那么这里同样会出现一项伦理声明,后者会同时去试图说出那些前者所无法言说的东西,或者在其言说中损失和未能做到的事物。最终结果便是一种故意为之的含混政治,该政治致力于不断斡旋,并坚定地将自己的立场复杂化。

在对19世纪被殖民的印度的分析中,霍米·巴巴提出文化统治会与一种"含混性"(ambivalence)纠结在一起,这种含混性与被殖民者一方的殖民在场和"混杂性"(hybridity)有关。巴巴就此分析了英国传教士对《圣经》的传播。虽然说这个案例体现的显然是英国的主导权,然而,该主导权也因英国人的焦虑展现出了不稳定性:不论英国人付出多少努力,他们都无法控制所谓的本地人对《圣经》意义的理解。只要我们留意到含混性和混杂性,我们便会找到被殖民政权(如19世纪的印度)对英国"权力和在场"的破坏和抵抗。然而,含混性、混杂性和模仿（mimesis）都无法削弱这种文化统治，也无法将其影响降至最低。在强调统治的同时，我们需要突出抵抗；在强调抵抗的同时，我们需要突出统治。这些便是解构性责任令人不快却在不断形成中的事实。

加亚特里·查克拉沃蒂·斯皮瓦克在1994年讨论了欧洲议会在斯特拉斯堡展开的辩论，辩题关切的是通过绿党的努力而达成的《孟加拉国洪水诉讼计划》。借由世界银行的协调，该计划受到了七国集团的支持，它旨在通过技术干预孟加拉国的水道系统，从而实现对洪水的遏制。斯皮瓦克为人所熟知的论点是：被殖民主体的声音是无法被听见的。虽然说斯皮瓦克很愿意与该立场进行斡旋，但她还是评论道，"因为我们的权力都不如世界银行大，还因为我们之间有些人的肤色较深，当我们直面世界银行的时候，我们有时会说——下属（subaltern）说话了"（Spivak 1994, 58）。斯皮瓦克的分析并不是说激进分子本应避开这个论坛，而是说，迫在眉睫的是去不断强调有成功相伴的失败。在该语境下，斯皮瓦克的分析让我们看到了下属的消声。会议依旧处于边缘状态；诉讼程序本就是世界银行的一份内部便函，它的陈述也带有几分傲慢。对于那些谙熟于这些惯例的孟加拉国发言人，人们不会理睬，因为这些发言人被认定是老练的专家、"权威人物"。相比之下，对于一名不通晓该会议惯例的孟加拉国中产阶级农民，人们也是不屑一顾，因为他不过是个可笑又莫名其妙的家伙。

一项解构性政治到底是什么？每当这个问题出现时，我们可能都会向斯皮瓦克寻求定义："解构可以让已经确立的政治计划变得更加实用，我们只需让它们内在的问题变得更加明晰。"（Spivak 1989，206）在以上的案例中，我们可以强调在一次成功举办的"公开辩论"中出现了大量无法发声的状态。同理，我们可以支持诸如非政府组织宣称的"自决权"，我们同时也要让它们内部的问题更加吸引公众的注意。我们要留心的是，这样一种权利"无法影响亚洲全部的土著"，同时其影响也不会涉及其中众多族群的"文化绝对主义"（Spivak 2004，543）。斯皮瓦克就此总结说，"我将继续去勾勒一种增补的方法，使用该方法就意味着人权干预不该停"（Spivak 2004，550）。这只能催发一种关爱型政治（attentive politics），它会在失败的地方再往前推进一步。

最后让我们再来看一个例子吧！印度农村和贫困地区的扫盲计划已经初获成效。该计划让我们看到越来越多的女孩坐在教室里，每当我们看到她们面带微笑学习的图像时，我们恰好要问："这里的失败是什么？"

在亲历了一些农村学校后，斯皮瓦克对这种"可疑的"扫盲的差异性本质进行了分析。她提到一种最坏的情况：我们会发现一种阶级隔离政策。再三出现的情况是，那些非常穷的学校流行着一种机械学习的模式，该学习方法基于一些劣质的教材。相比之下，中产阶级的教育注重的是理解训练，并将它作为一种教学法的工具。

德里达也结合柏拉图的思想讨论过机械学习的"幽灵"。现在这个例子更加清晰地展现了之前讨论中的要害。争论的问题并不在于是言说还是书写，是机械学习还是"理解训练"，我们不想去纠结在知识的传播过程中，这两种方法孰优孰劣。德里达在解构柏拉图的时候，发现机械学习受到了贬低，这种贬低只是为了去拥护自发性知识的幽灵式理念化。那么，斯皮瓦克又是如何贬低机械学习法的呢？我们又该如何解读斯皮瓦克对理解和机械学习之间等级关系的划分呢？斯皮瓦克的等级关系划分源自一种先前的殖民语境，即在教育上实行类似种族隔离政策的划分，与其相匹配的则是印度特权者和非特权者之间的区分。斯皮瓦克对机械学习法的贬低有异于柏拉图的贬低。在当代印度，人们认为机械学习法非常适合穷人。的确，只有对穷人进行边缘化才能维系特权阶层。识字的权利必然属于一种心照不宣的政治，而它所关切的正是知识与教育的恰当形式。

但是，正如斯皮瓦克写道，"我们不能看不起对错误的矫正。正逢违权（violation）再次进入斡旋之际，我们必须利用赋权（enablement）"（Spivak 2004, 524）。教育计划同样可以纠正先前的违权。当然，我们应当致敬识字计划所取得的成功。但是，这并不会削弱我们对其失败之处进行解读的意愿。对违权的修正也有可能就是对另一些违权的执迷。斯皮瓦克将解构与一种责任相联系，我们应该将这种责任置于一种关爱型政治之中。斯皮瓦克极力去寻找一种发声，她想要说出哪种成功是有问题的，想说出一种对违权的再次斡旋。从实际出发，这可以说是对扫盲计划的支持，但这份支持还带有另一份意愿，通过解构各种对立——理解训练和机械学习、特权和无权,该意愿想在成功中找到失败。与其不同的则是另一种政治,它在系统内寻找失败的同时还在支持成功。相反,重点是要去承认:一次进步可能既是成功也是失败。这种哲学见解的理念轮廓也可以由德里达来描摹,尤其是他提出的不可能的礼物和一种原谅的政治。我们不应当认为失败会让成功大打折扣;相反,我们应该提倡在成功的同时找到可能出现的失败。与之不同的是去提倡一种理念成功的模式,在这种成功中,所有的弱点都被根除了。相反,一次成功可能同时包含了一次失败。如果不去解决文化差异的难题,我们很可能无法获取土地权。这并不是说土地权存在着一种更为理念的模式——在这种理念的土地权上,我们能达成统一意见。它关乎的是去适应同质化(homogenization),并试图在做出回应的同时不去将其视作一种对更少或不同的土地权的支持。斯皮瓦克的论点可能看上去会有些奇异,因为我们当然也希望,非常穷苦的学校能够获得一种更好的教育形式。可是,或许从根本上来说,任何一种教育改革的形式都会去寻觅一些方式重申特权和无权阶级之间的区分。我们可以想象,通过强调理解训练而非机械学习，这可能会在学校的实际运用上导致一些新的区分。斯皮瓦克之所以提出斡旋的政治，是因为她在每一次成功中都期待着某种失败。就此而言，她会力争一种持续存在的责任，而不是让我们在获得成功的时候自鸣得意。

第九章　正义与法律

> 我于此描绘的结构是这样的：在这个结构中，法律从本质而言是可以解构的。这或是因为它建立和构筑在众多阐释性和可变性文本层（这也是法律的历史，它可能的和必要的转变，有些时候也可以是对它的改进）之上，或是因为它最基本的根基从定义而言本身就是无根基的。法律是可解构的，这个事实也并不是什么坏消息。不论是对政治而言，还是对所有的历史性进步而言，我们甚至可以从其中发现某些意外之喜。
>
> ——Derrida 1992A，14

很多法律系统看似都在保护其公民免受另类的混乱生活所扰，它们通过法律规则让公民远离造成混乱的不受约束之暴力。只要强盗开始抢劫，绑匪开始劫持，或者凶手开始杀人，他们就违反了法律，同时也引来了警察和法庭的介入。我们会对合法和非法之间的差异进行一种假设，就好比一方是一个安宁的共同体，共同体内的人都认同一种基本的社会性自愿意志，而另一方的成员则以不受管制的野蛮和暴力而导致了一片恐慌。然而，法官们的裁决和法律执行官们的行动却会直接导致众多个体失去他们的自由、个人财产，甚至在某些国家，他们还会失去性命。合法和非法之间的对立不能被对比成暴力和非暴力之间的对立，也不能被对比成法律和暴力之间的对立。相反，在暴力的合法性和非法性之间做出区分的正是法律。尽管警察和法官有时也许会采取一些暴力的行动和裁决，但这些暴力却是合法的，我们也对此表示接受。这便招来了以下问题：我们怎么有把握说合法的暴力就有异于非法的暴力？当美国法官们在维护宪法时，我们有理由去质问美国宪法的根基。当警察在维护国家意志时，我们也有理由去质问那个国家的合法性。据此推测，合法暴力的所有形式（法律的强制执行、关押监禁和死刑）在根本上都接受了这个国家合法性的正名，它们的实施都借以国家的名义，然后反过来赋予其法律执行官以合法性。

德里达提出，在国家中寻找合法性的问题在于：如果仔细观察，我们会发现"所有国家都将自己的根基建立在一种殖民型（colonial type）的侵犯上"（Derrida 2001C，57）。澳大利亚就是展现这种原型（archetype）的一个很好的例子。英国在1770年宣称对澳大利亚的土地具有"合法权"，该合法性源自詹姆斯·库克*，而库克对合法性的保障则源自以英王乔治三世的名义确立的权威。英国在1788年将澳大利亚原住民从他们的土地上赶走，该土地先前一直被英国人非法占用。20世纪70年代，这项原初夺权的合法性在澳大利亚高等法院受到了来自维拉杰里族的保罗·科和其他一些人的挑战。该合法性接着又受到了来自埃迪·马博和墨累岛居民的

---

* 詹姆斯·库克（James Cook，1728—1779），英国航海家和探测家，人称"库克船长"。他曾三度奉命出海太平洋，带领船员成为首批登陆澳大利亚东岸和夏威夷群岛的欧洲人。

几轮新挑战，高等法院在 1992 年做出了裁决：在英国人宣称拥有所有权的时候，澳大利亚并非一块无主之地（terra nullius，"没有任何主权干涉的土地"或者"不属于任何人的领土"）。

德里达声称，所有国家的根基都有赖于与此相似的某些姿态。我们在 20 世纪已经见识到了种族隔离政权的诡计之一：为了给三分之二的南非（黑）人创造所谓的"自我管理"和"半自治"的黑人定居地*，当 H. F. 维沃尔德[†]对这些被创造的概念产生依赖时，他同时也通过该举措否定了南非人民的公民权。如同澳大利亚的建立是通过对其原住民权利的否定，南非种族隔离政策通过一项声明否定了绝大多数人民的选举权。该声明宣称这些人都不是"南非共和国的"公民；普选权和自由选

---

* 原文为"homeland"，特指南非共和国过去在种族隔离制度下设立的且有一定自治权的"黑人定居地"，同时也被称作"（南非）黑人家园"。它在 20 世纪 50 到 60 年代的代称为"Bantustan"，70 年代的时候改为"homeland"，按照南非政府的指定，至少由十位黑人居住而组成，例如特兰斯凯黑人定居地。

† 亨德里克·弗伦斯彻·维沃尔德（Hendrik Frensch Verwoerd, 1901—1966），于 1958 至 1966 年期间任南非总理，坚持实施种族隔离政策，于 1961 年把南非从英联邦中脱离出来，1966 年在开普敦城遇刺身亡。

举的原则的实现恰恰是通过这种排他行径。德里达的质问总是：以什么之名？正如他在南非种族隔离政权中注意到，国家基督教教育所在1948年颁布的《宪章》中声称：想要"国家和民族分离"的正是上帝[*]。

德里达在其文章《诸多独立宣言》(Derrida 1986B)中分析了美国1776年《独立宣言》的合法性。尽管起草合法文件是美国法律的根基，但是这些文件既不是合法的，也不是非法的。虽说这些文件经由签署者签字，但是这些签署者在签字时是通过宣称自己"将会被"授权去签字，这些人将自己授权为代理人的方式是回溯性

---

[*] 属于上帝的民族就必须被分离出来，不是因为他们伪善或认为自己值得永生，而是因为跟随着上帝的教导，他们可以让自己与不跟随上帝的人区别开来。在《圣经》中有多处提到了民族要分离，譬如《圣经·旧约·利未记》中就有提及："我在你们面前所逐出的国民，你们不可随从他们的风俗，因为他们行了这一切的事，所以我厌恶他们。但我对你们说过，你们要承受他们的地，就是我要赐给你们为业，流奶与蜜之地。我是耶和华你们的神，使你们与万民有分别的。所以，你们要把洁净和不洁净的禽兽分别出来，不可因我给你们分为不洁净的禽兽，或是滋生在地上的活物，使自己成为可憎恶的。你们要归我为圣，因为我耶和华是圣的，并叫你们与万民有分别，使你们作我的民。"类似的说法同时出现在了《圣经·旧约》的《申命记》《列王纪》和《出埃及记》，以及包括《利未记》在内的其他章节中。《圣经·新约》中也有诸多相应的表述，于此便不一一列举。

的。该宣言的合法性因此建立在自相矛盾之上。德里达提出，合法的政权通常都不会承认自己的根基存在不稳定性。美国的《独立宣言》便是一个极佳的案例。悖论还在于，跟强调文件奠基性质的措辞相比，签署者还宣称这份文件本身就具有先在的合法性。这份文件不会招供这里缺席了一种首要的合法性，即权利宣言的先在合法性根本就没有任何的保障。然而，它却不断对一种先前的、神圣的和自然的权威进行指涉。签署者们写道，他们"按照自然的法则和上帝的旨意，以独立平等的身份立于世界列国之林"。这份宣言继续强调：正是他们的"造物主"赋予他们"若干不可让与的权利"。1789年法国《人权宣言》也宣称它所宣告的权利是"自然"且"神圣"的。就南非、澳大利亚、美国以及其他国家的法律传统而言，不论它们拥有的是一段字面上的殖民史，还是一段关于自我合法政权"自我建制"（self-institution）的历史，都会倾向于去诉诸一种神圣的、自然的或者具有皇家权威的合法性。它们并不会走向另一端，去承认自己确立的状态具有任何的武断性。

德里达关于合法性权威的书写深深影响了很多法律

专家,也影响了批判法律研究(critical legal studies)*学科。对法律的解构能够在法律传统、重要的法律文本以及裁决中明确地找出那些自相矛盾和自我动摇的地方。美国批评家克莱尔·多尔顿在1985年提出,合同法虽然在法律上强行支配着承诺的效力,但它实际上是建立在二元性(dualities)之上的:合同法更加私人而非公共,更加客观而非主观,关切的问题更多的是形式,而非实质。多尔顿论证道,这些二元性是对社会中诸多权力关系的模仿,"其结果是让合同规则更加具备不一致性和实质的未决性"。多尔顿的主要批判点在于,在20世纪80年代的时候,合同法被不自洽地应用到了非婚姻的伴侣关系中。一旦伴侣间被假定存在某种形式的私人协定,一位法官的定夺就会发生偏倚,他不再承认那些协定中的思想和权力关系属于公共领域。这些东西可能包含一些关于劳动分工、私人财产,以及男女之间财

---

* 批判法律研究,也译作批判法学派,是20世纪70年代末在美国兴起的一支激进的法学流派,可以追溯到美国法律现实主义。受到了20世纪60年代末民权运动和反战运动的影响,在美国以马克·图施奈为代表,主张一切法律都是政治的,认为法律话语难以和政治话语分离;法律是在为富人和权势服务,以及法律规则内部是有矛盾的。

富的刻板印象。关于这类刻板印象的社会准则总会意味着一些心照不宣的约定，而后者根本不能被当作个体之间的一份私人协定。多尔顿列举了一个颇有说服力的案例，人们总会提倡两个人的"私人"（private）协定中"私人性"（privacy）理念——这种私人性会由一名法官唤起，作为一种潜伏和被理念化的幽灵，但从来都不会"在场"："根据私密程度的不同，法庭划分了不同类型的合同，但是，就公共领域在合同上对私人领域的威胁而言，它也只是一种替代和牵制的策略，故而并不能解决任何问题。"（Dalton 1985，1001）这么一种阅读让多尔顿做出了一番富有争议却影响颇深的批判，她所批判的正是实际上存在（但不一定合法）的伴侣关系中对女性的不公正对待，尤其是当定夺取决于"私人默认的约定"这个概念时。另一个例子则是邓肯·肯尼迪对威廉·布莱克斯通爵士的解构，后者对英国普通法及其对"对与错"之间的区分进行了标志性的评注（2001/1755–8）。布莱克斯通所关心的是和先例在法律上保持一致性，并为此在法律裁决上对超过合理范围的变动性进行了限制。肯尼迪对这种自相矛盾的观点进行了分析，在其中，布莱克斯通将束缚表现为自由,这种束缚同时还展现出了一种悖论:一方面是将法律理解成对社会约束的再现,这些约束对自由而言是必要的;另一方面则将法律理解为对个体自由的蚕食(Kennedy 1979)。珍妮特·哈利的《别》可以作为另一个案例,它分析了美国法律和军事政策对同性恋的恐同式处理。该书基于1986年对"鲍尔斯诉哈德威克案"*的裁决:宪法不会将私人性的权利拓展应用到同性男子之间的鸡奸上。这同样关系到一些自相矛盾的观点,它们滥觞于美国在法律上对同性恋的处理。

德里达的著作对法律研究产生了重大的影响,我们在对自相矛盾的法律、法律判决和合法政权的批判性分析上都能非常清晰地看见其踪迹。我们可以论证说,那

---

* 该案件始于1982年8月3日,一名警察进入亚特兰大的迈克尔·哈德威克家中,恰好撞见后者正在床上和一名男性发生性行为,该警察立即以反鸡奸法规逮捕了二人。尽管地区律师并没有起诉二人,但是佐治亚州的总检察长迈克尔·鲍尔斯提出了诉讼。该法案最终于1986年宣判:即使是私下相互同意的同性性行为也是不受美国宪法保障的,联邦最高法院拒绝将自决隐私权的保护范围拓展至同性恋行为上。然而在17年后(2003年)的"劳伦斯诉得克萨斯州案"中,联邦最高法院承认了同性恋的自决隐私权属于宪法保护范围之内。肯尼迪大法官强调平等权保障,认为让同性恋群体遭受了不同于社会一般人的待遇,并将其权利排除在法律之外,这等行为违反了宪法。

些合法的政权全都建立在一种含混性上，这给特定法律的批评家们提供了新的活力。因此，德里达提出，法律的可解构性（deconstructibility）可能是对政治的一份"意外之喜"（Derrida 1992A，14）。这些分析通常都是功能性的。仅仅展现某些法律或合法政权是以某种方式建立在矛盾之上，这还远不能令他们感到满足。通过对文本细致的分析，批评家会将持久的关注投向以下问题：恐同法律到底是如何通过内在矛盾维系自身的？合同法到底是如何通过指涉私人默认的约定来维系自身对女性的歧视的？或者，普通法到底是如何在自由和束缚的概念之间重复其张力的？

与多尔顿、肯尼迪和哈利不同，通过对法律矛盾的分析，德里达想指出：法律对批评的开放性会考虑到它对女性或同性恋的处理。这些学者都没有解释，为什么一个完满的合法政权会免于矛盾式解读？同样，他们走得也不够远，远不及德里达提出的未决之"肯定"（"affirmation" of undecidability）。德里达的论点建立在界限的概念上，认为法律既不是公正的，也不是不公正的：它必须是可预测的，但绝不能是完全可预测的。德里达注意到,法律不会通过未决性来公开肯定或解决这次审判。反之,法律只会变得愈发地专制,正如它会诉诸自然、神圣或皇家权利,或者诉诸公共与私人之间的对立,或者它会拔高自洽性和先例的理念。

德里达在法律和正义之间划了一道界线。我们不仅想要合法的法律,也想要正义的法律。有些时候,我们会猛然意识到法律和政权在根本上是非公正的,就此而言,合法的不服从似乎是合适的,比如美国内战前和随后出现的吉姆·克劳政权*,或南非的种族隔离政权。有时候,法官们会被迫执行或采用一些法律条款,即使他们公开宣告了它们的非正义性,譬如加利福尼亚州和众多美国其他州的《三击服刑法》†。

法律被一种正义的可能性所占据,它有可能实现,也有可能落空。在对法律和正义的区分上,德里达没有引起什么特别的争议。当法律涉及"合理性(legitimacy)

---

* 吉姆·克劳政权是对黑人进行隔离和压制的一种种族歧视。"吉姆·克劳"原为对黑人的贬称,主要源自19世纪歌谣名。

† 《三击服刑法》源自棒球术语"三振出局"(击球手三次击球不中即出局),指第三次犯暴力罪的犯人将失去被假释的机会。

或者合法性（legality）时,（后者是）可稳定的、成文法的、可预测的，还是一个由诸多受管制和被写入法典的规定组成的系统"（Derrida 1992A，22），德里达的正义关涉的则是那些"无限的、不可预测的、反抗法规的、无关对称的、异质性的和异向性的（heterotropic）"东西。但是，基于德里达提到的未决性，我们还是可以察觉到德里达从早期思想到晚期思想的过渡。

在德里达的早期思想中，他发明了像"延异"这样的术语；"发现了"像"药"或"增补"这样的术语。德里达对它们的呈现超越众多的二元对立，譬如言语/书写、在场/缺席，以及同一/差异。他对这些术语的定义是：既非在场,也非缺席；既非同一,亦非差异。它们都是"未决的"。

虽然正义也是照着未决性来定义的，但是我们得将其想象成一种法律中的过剩（excess）或他异性。德里达给予了过剩这个概念大量全新的含义。他提出，法律裁决既不是正义的，也不是非正义的。要做到正义，法律必须对先例、预测和规范俯首称臣，却不能展露出一副卑躬屈膝的姿态。遵循一种非正义的法律，即使它具有无可挑剔的合法地位，也无法让其变得具备正义性。

德里达承认"正义"这个术语给他带来了一大堆麻烦，他也常说，想以自己的方式来使用正义，并通过这样的使用来进行思考。可以肯定的是，德里达并没有将正义设想成一种可辨别的教条或原则。德里达式正义符合德里达对不可能性的讨论，在这些讨论中，德里达试图以一种具体且富有成效的方式来使用不可能性的概念。为了让一种纯粹的正义成为可能，德里达认为，这只会发生在语言之中，在这种语言内，所有相关的主体都被假定为"有能力，也就是说，可以理解和阐释……一种非正义暴力的开始，在此时，一个共同体内所有的成员从头到尾都没有共享同一种用语……尽量严谨点来说，这种理想的情况根本就不可能"（Derrida 1992A，17—18）。关于这种"纯粹的"正义的不可能性，它的确会长期萦绕那些业已判定的法律裁决，或者对其"阴魂不散"。德里达因此提出，正义是关乎不可能的一次经历（experience）。我们会有很多冲动——去批评一个现今的政权，去努力改善它或解构它，这些冲动的出现都打着"我们认为是正义的"

的名号。一旦我们清空了正义内部任何可预测的内容（德里达就是这么做的），这便会是一个非常有意思的现象。

德里达将正义的结构比拟为礼物的结构。通过将两个术语并置，德里达就"正义的观念"展开了写作，这个观念"就其自身肯定性特点而言似乎是无法还原的，如果说它对礼物的需求不要求任何的交换、流通、认可或感激、深思熟虑、理智，甚至是理性"（Derrida 1992A，25）。在德里达随后的思想中，他指出我们应当去回应一些律令（例如，改善！解构！给予！），我们会认为这些律令的发生受到了一种伦理规则的保护，该规则涉及的是我们为什么应当给予，或者正义到底是什么？但是，对于律令的纯粹形式而言，它的发生并不会伴随那些内容。德里达在他于别处做出的论断中得出了结论：如果我们给予只是因为我们知道自己应当这么做，或者我们感受到这是我们的义务，抑或是我们处于互惠的循环之中，那么，我们的礼物就算不上是礼物。在极端情况下，一份礼物的给予并不能算是一份礼物，也不会被当作这类东西。它会成为一种律令——"给予！"，没有任何理由或意义。它会成为一种疯狂的给予。同样，德里达认为，一种纯粹的、不可能的正义也会染上这种疯狂的元素。可是在他看来，这种不可能的、纯粹的正义会以某种方式与我们产生共鸣：我们试图以正义的名义进行改善或提高，然而，正如德里达在某处承认的，这有时会是一种盲目的信念。倘若我们能记住德里达关于一种不可能且纯粹的礼物或者纯粹正义的观点，这对我们而言将是大有裨益的。德里达质疑的并不是我们日常赠予的礼物，也不是以（我们能够完全解释清楚的）正义为名展开的行动。困难的关键在于德里达持有这样的观点，即这些行动也于其内部（影响重大且意义非凡地）包含了一种对正义的信仰。这份信仰没有任何的内容，是"不可能的"，但行之有效。

德里达关于法律可解构性的思想并没有止于他对法律悖论式的思考以及其含混根基的执迷。相反，德里达强调，关键是要去辨识出法律的"不可预测性"和"未决性"。举个例子，与布莱克斯通相比，他的目标是为了让法律变得尽可能地可预测、可预料。尽管这是我们对法律最常见的期待，但是德里达还是在强调，法律裁决中未决的因素同样也是至关重要的：

> 一份没有经过未决性历练的裁决，不会是一份自由的裁决，它只会是程序化的应用或者一次可预测过程的展示。它可能是合法的，但不会是正义的……我刚刚说到，任何配有其名的裁决都必须经历未决性的历练，然而这段历练从来都不属于过去，或者被通过，这份历练并非裁决中一个被克服或扬弃（sublated）的时刻。无论如何，未决性会像幽灵一样被捕获、被卡住，但是它却是每个裁决、每个裁决事件中那个至关重要的幽灵。（Derrida 1992A，24）

在《法律效力》中，德里达声称一项合法的裁决并不完全是机械的，它会惹来一大串麻烦。假设它仅仅是"程序化的应用或者一次可预测过程的展示"，那么我们可能无法将一项合法的裁决与正义相联系，即使这项裁决完全符合法律。德里达认为，我们想做的不过是在一个司法体系中随意再肯定一项合法先例或对宪法的阐释。一项合法的裁决应该经历一次所谓的"未决性历练"。虽然它必须得保护法律（我们如果发现一项裁决漠视了法律，会认为这样的裁决是不可接受的），但是，倘若它卑躬屈膝地服从先例或法律文件的话，它对法律表现得就太过于毕恭毕敬了。德里达倡导说，一项法律不应完全受到管制，同样它也不应完全不受管制。要正义，法律就必须但不能完全背离与先例、可预测性和规范的一致性。或许，最令人满意的法律裁决将会"破坏自身或者悬搁自身，让其有足够的能力在每一件案子中重塑自身，至少重新为自身正名，它对自身的重塑采纳了一种肯定和全新的形式，同时却避免了对其原则的肯定"（Derrida 1992A，23）。或者可以这么说，我们需要在严苛的法律管制和缺乏法律管制的无政府状态之间寻找到一个中间点。相反，德里达提出，我们需要某些对法律而言是不可能的东西，它"既是受管制的，又是不受管制的"（Derrida 1992A，23）。这就是一种悖论式思考，在德里达对法律的解构中，这种思考被他放大成了一种不可能的必要性。那么，我们说必须做出合法的裁决，这又意味着什么呢？德里达承认，这些裁决事关紧急，所以他强调说，一项合法的裁决可以被视作一种"发生"的事件。尽管它有一部分是可预测的，但是我们根本无法确定会发生什么。某种程度上来说，重大时刻的紧急性压倒了我们对裁决者的理性评估；裁决发生在他或她"之内"（in），而不是"由"（by）他或她做出。尽管这听上去可能有些抽象，但是我们都曾有过这样的经历：花了很长的时间细心思考一些决策，在做出决策的时候却还是带有一定程度的自发性。虽然一个人的决策很少是随意做出的，但有时一瞬间做出的抉择甚至令自己都感到意外。

第十章 完满性

"将—来的民主"（Democracy to come）并不意味着一种未来的民主会在某天"出现"。民主永远都不会在场（in the present）；它是不可呈现的，它并不是一个康德意义上的可管制的观念。但是不可能性是存在的，民主会在它的允诺上印上另一个允诺，这个被印上去的允诺需要冒险，而且必须冒上可能被滥用成一种威胁之险。不可能是存在的，而且这种不可能一直都会是不可能的，这正是因为民众带来的疑难问题：民众既是任何人不可估量的独体性（singularity），它处于任何"主体"之前，它可能被尊重，并通过这个秘密，它可能会破坏社会的纽带，它超越了所有的公民权利,超越了所有的"国家",当然也超越了每个"民族",甚至已然超越了现今将一种活生生的存在(a living being)定义为一个活"人"(a living "human" being)的状态;它同时也是理性算计的普适性、法律面前公民的平等、将我们聚在一起的社会纽带(无论是否具有契约),以及诸如此类的东西。此外,关于存在的这种不可能性依旧无法被抹除。它是不可还原的,这就好比我们朝着来临和发生的事物暴露自己。它就是这种暴露(欲望、敞开,同时也是恐惧),它会敞开自己,它会将我们向时间敞开,将我们向朝我们来临的东西敞开,将我们朝将要降临和发生的东西敞开,将我们向事件敞开。或者将我们向历史敞开,如果你愿意这么说的话,这段历史应该被思考成完全有别于目的论视域(teleological horizon)的东西,它完全不同于任何视域。当我说"不可能性——存在"(the impossible that there is)的时候,我所指的恰是另一个"可能-不可能性"的政权。通过各种各样的方式展开质疑,我试图对它进行思考,譬如围绕诸如礼物、原谅和好客等问题。为了对其展开思考，我还会采取"解构"的方式，如果你愿意这样说的话，我会试图去解构一些被承袭的东西，譬如"可能性""权力"和"不可能性"等。

——Derrida with Giovanna Borradori 2003, 120

解构已经影响到了众多学科，就大体而言，这些学科的基本原理都遭到了掏空，并被转换成了各式各样的意图。解构对不同的学科而言有着不同的意味。在数学和科学研究的语境中，未决性和无尽的差异化是解构众多理念中最为重要的（Plotnitsky 1994）。伊丽莎白·威尔逊指出，延迟和差异的重要性体现在心理学和神经学关于记忆和心灵的理论上（Wilson 1998）。对基因研究而言，他们看中的是德里达对人类本质不稳定性的强调。在建筑界和时尚界，解构的影响似乎在于对结构的基本要素的拆分或颠倒。伍迪·艾伦的电影名《解构爱情狂》（片名直译为《解构哈里》，1997）意味着这个术语的意思是"分解"或"理解组成哈里的诸多不一致元素"——它放弃了将哈里呈现为一个统一的个体。

德里达思想的核心悖论在于，我们必须去阅读并熟读一些名家的著作，诸如柏拉图、卢梭和索绪尔，只有这样我们才能应付德里达的诸多观念。可是，当我们留心德里达的阅读时，会发现，经由德里达之手，这些名家早已面目全非了。与此同时，德里达自己的哲学利用了先前这些人思想的一些片段。对于那些熟读哲学史的人，他们会认出这些名家；关于海德格尔、康德、列维纳斯和胡塞尔这类名家的细读和思想片段，依旧活跃于德里达晚期的思想之中。学者们可以跟着德里达拾起一段思想，它们可以是胡塞尔《笛卡尔式沉思》的第五沉思中他者的状态，也可以是本雅明思想里的弥赛亚性，抑或是列维纳斯谈论的正义，还可以是海德格尔文本中的死亡。学者们可以跟随德里达拾起它们，向他们借用一些东西，然后稍稍做出些调整。这便成了德里达所描绘的一种关系——"稍稍取代"（light displacement）。对于思想的碎片，德里达会将它们拾起并放大。他和历史维系着一段借用的关系，同样，其他众多探究领域也与德里达的思想保持了一段挪用关系。

当德里达在写《法律效力》一文时,他的计划一开始看上去是完全实用性的。但是他的一些读者却将其实用性转化成了批判法律研究。尽管德里达并没有拒斥这类应用,但是他从中脱身而出,继而引入了一些新的元素,让它们再次扰乱我们对解构的理解。在德里达20世纪80年代后期的著作中(正逢法律学者们对其中解构法律的计划兴致勃发之际),他对一个元素的引入又招来一连串难题。德里达本来已经让解构法律的想法更加适用于社会和政治语境了,但是现在,裁决以及其与未决性之间的关系成了新的麻烦。

有些决定源自平庸的日常生活,而一个纯粹的决策则可能来自一个事件的授予,德里达对二者进行了区分,后者将是彻底不可预料且无法预测的。如果我们可以预料或推测出这个决策,德里达说道,这个事件便不符合他所设想的"纯粹的决策"。我们可以决定并预料到自己决定要买牛奶的情况,预料到自己会通过何种方式做出决定,并知晓自己有多大的可能性会将其实现。多数(显然不是全部)法律裁决的过程也与之相似。除去这类可以轻易做出的决定外,德里达还提出,无论是在法律语境，还是在其他所有的语境中，思考一种纯粹"不可能的"决策是非常有益的一件事。这个决策将是彻彻底底不可估算和不可预料的。当然，我们通常都会做出紧急的决定，德里达也强调说，即使是"不可估算的（incalculable）正义也要求我们去估算（to calculate）"（Derrida 1992A，28）。但是除去我们日常做出的平庸决定，以及法律和政治上做出的紧急裁决外，这里也还有一种决策的制定,它发生在"我们之中"，而不是"由我们"执行。我们对它的理解永远都不可能是确定的，我们无法完全确定一个纯粹的决策没有发生："谁又可以向我们担保，像这样的一个决策已然发生了？它没有……任何的原因、估算或法则吗？"（Derrida 1992A，25）

德里达再次让我们所讨论的解构哲学变得陌生起来。让我们来看看德里达是如何评论解构的吧！在理查德·卡尼的一次访谈中，德里达说道："我的核心问题是：像这样的哲学，它会从哪个场所（site）或者非场所（non-site）出现？这种出现对其自身而言并非是它自己，而是作为另一些东西。只有这样，它才能以一种独特的方式来质询和反思自身。"（Derrida 1984，108）我们已经见识过德里达的本事，他可以制造出这类事物，譬如母性、柏拉图、一项法律裁决、好客、移民和礼物，这些事物都以异样的方式出现过。当解构的出现让我们感到熟悉时，德里达就会介入，目的是为了让自己的思想变得不同，焕然一新。

德里达对一项纯粹决策之不可能性的评论与其对该事件的讨论紧密相关。正如德里达区分了日常的决定和一项不可估算的决策，他同时也区分了会发生的事件（events that take place）和一个纯粹的事件（这个事件将会是完全未受期待的）。德里达感兴趣的事件脱离了我们对事物因果的理解。他解释道，只有不存在任何的期待视域，一次纯粹的事件才会出现（Derrida 2002A，94）。德里达提到，事件有能力让我们或颇感意外［比如今晚会不会下雨（Derrida 2002A，96）］，或大吃一惊（比如柏林墙的倒塌）。然而，德里达继续解释说，"事件绝不能被还原成事实，因为事实是某些已经来临的事物"（Derrida 2002A，96）。德里达认为那些日常意义上每天发生的事情，不同于一个纯粹的事件。纯粹的事件既不是我们轻易就能预测到的（比如下雨），也不是我们非常吃力才能预测到的（比如德国的统一），而是纯粹不可测的。德里达给出的例子正是柏林墙坍塌的那一刻，这不同于那种一般的、被人们所期待的可能性，因为后者是会在某个时候发生的。

未受期待地（unexpectedly），德里达强调的是，尽管我们可能没有把握说一个事件会在什么时候发生或是否已经发生，但可以想象的是，很多纯粹无法预见的事件有时仍会发生（Derrida and Roudinesco 2004，52）。德里达将之描述为我们已然有了一次对不可能性的体验，但它只能是一种"勉强"（barely）的体验：

> 那些无法被预见却已经出现的东西，那些唤起并超越我之责任的东西……事件，那便是一种将来（the coming），它属于一个人或一个物，其将来却不会伴随有一个我们可以辨认的轮廓……这便是一个事件能拥有并应该拥有的名字，一种降临，它会让我感到绝对的意外……那些降临和来到我身上的东西，我向它们进行敞露，我没有任何的掌控权……就这样，我并没有目睹它的来临……我无法

让自己感受它或聆听它。只能勉强地。(Derrida and Roudinesco 2004, 52)

德里达将我们与一个纯粹事件的关系设想成是我们绝对的被动性(radical passivity)。如果我们回到他对纯粹的礼物、纯粹的好客,或一次纯粹的谅解的讨论中(它们都是无条件的),便会从其晚期的思想中意识到,即他所倡导的是一种可能会发生的不可能性(the impossible may happen)。倘若如此,那就真的是"只能勉强地"(but barely)了。据我们所知,德里达这次谈及的正是被他视作不可能的可能性——一种无条件的好客:

> 我无法对无条件的好客进行有条不紊的整理,这也是为什么,一般来说,我问心有愧(bad conscience),我配不上一份良知(good conscience),因为我知道,我已经将门紧闭了,然而还有很多人想要来共享我的屋子、我的公寓、我的国家、我的财产、我的领土,诸如此类的东西。我不能去设置

任何的规章制度、去控制,或去决定这些时刻,但是它可能会发生,正如一次原谅的行为,有些原谅可能会发生,纯粹的原谅可能会发生。我无法做出一项斩钉截铁、决定一切的判决,并发表言论说"这就是纯粹的原谅",或者"这就是纯粹的好客",作为一项知识的行为,并不存在一项行为足以决定一切的判决……然而,它可能会发生,而我却对此一无所知,我根本意识不到它,或者它的确立并不需要我的规则。虽然无条件的好客绝对无法被确立,但是它还是有可能如奇迹般发生……在一个片刻,甚至不足以持续一个片刻那么久,它可能会发生。就这……不可能事物的可能发生,是它让我们思考好客、原谅或礼物可能是什么。(Derrida 2001B, 101—102)

我们的问题便是去理解纯粹的好客、礼物、原谅或事件的状态,我们被告知说,它们"可能"会发生。只要这个东西是可估算、可预料,或是可被决定的,那么它便无法被当成一个纯粹的事件。德里达在前文曾指出,一份纯粹的好客是不可能的。我们知道他的言外之意是，就德里达意义上的不可能性而言，它并不意味着"我们对它的思考是徒劳的"。这份不可能性将一种麻烦不断的外来性（a troubling foreignness）置于我们内部，它会作为一种内在的批判（internal critique）进行干扰和运作，而它批判的对象正是我们所实现的、不合格的诸多好客（礼物、谅解）。

现在，处于晚年的德里达将一切都推得更远了。先不论那些阴魂不散的礼物、好客，以及带有外来性的谅解，德里达补充道，不可能性（一个纯粹的事件、一次纯粹的谅解、一份纯粹的好客）可能会发生，转瞬即逝地发生，我们对此根本就一无所知。如果是这样的话，我们与它的关系将是被动的，并且还不知道它已然，或者说"只能勉强地"发生了。德里达的想法并不是要去否定或贬低礼物、谅解、事件和好客的重要性，我们对它们都会进行辨认和经历，相反，德里达想强调的是不能以偏概全。纯粹的事件一定总是存在的，只是我们意识不到，或者仅能勉强地意识到而已。但是对人类的生命而言，这些可能也是极其重要的。德里达给出了一些例子，我们也可以找到另一些案例。

在一篇有意思的短文中，德里达（2001A）描述了他与哲学家莎拉·科夫曼之间的友谊，他用寓言（allegory）来暗示他与科夫曼之间的关系对彼此而言都是近乎不可能的（那些与他们两人都亲近的人会知道这会是一段多么棘手的关系），尽管他们可能已经心照不宣地原谅了彼此，但是这种原谅的方式既说不清，也道不明。如果真的存在一种相互的原谅的话，那便是一种双方都没有把握的原谅。当然，对于大多数谅解我们是知道的。然而，个体之间一些原谅的重要形式也很可能难以用字词的方式来表达，结果，疑惑双方可能并不能进行直接的辨认，也有可能永远无法采取积极的态度去回应。棘手的关系可能会随着时间慢慢化开，或继续令人头疼，但双方会在某种程度上学会如何与这份尴尬进行斡旋。重点不是去取代更为常见的我们用来思考原谅的方式，而是要记得，原谅到哪个程度，并不仅仅表现为有了怎样的认识、把握和认可：它实则是更加难以表达的。

或许，最佳的举措便是去"尊重差异"，我们有时会说。他人经验带来的差异可能会是这样的：虽然我们无从知晓他人的感受，也根本无法了解他们的经历，但必须对此表示尊重。只有不去破坏这种尊重的伦理，才能让差异得以增加。对他者差异的尊重不应成为这么一种错误的观念，即认为所有的差异都应该被还原成有关事宜。他者经验所造成的影响是我们无法完全意识到的，也无法进行清晰表述。举个例子来说，我们常会以此来谈论受到极端创伤的幸存者的子女，比如大屠杀受害者的孩子。这个孩子可能会直接说她无法想象父母到底经历了什么。可是，她的梦境、梦魇、幻想、灵感、期待、行为和身体举止都很有可能已经受到了它们的影响。我想说的是，知识以及有意识的或自反式的经验并非我们影响彼此的唯一途径。这并非要去质疑尊重他者差异的政治，而是要对它进行拓展。他者的差异可能在很早以前就已经开始影响我了，它会以常人难以道明的细微方式改变我。正是在主体之间这种无法言说的经验层面，德里达做出了可能性的设想，它所关涉的正是一份纯粹的礼物、一次哀悼、一份决策、一种好客，或者是原谅的一种形式，但它们还是会——哪怕只是勉强地——发生。

在德里达逝世的2004年，他依旧在写新的作品，其中涉及对进步的重新描绘。德里达常常提及的三人集团——柏拉图、卢梭和索绪尔——都有着一种对纯粹性的执念：一种纯粹的语言系统，没有遭受书写的污染；或者一种纯粹的自然，没有受到文化的污染；还有诸多纯粹的理念的形式，它们独立于人类而存在。在德里达的思考中，最为惊人的一个发展是他在晚期回到了纯粹性（purity）和完满性（perfectibility）的语言。

在《论文字学》出版30多年后——德里达于其间出版了30多部作品——他再次就一种不可能的纯粹性展开写作，正如他先前对一种不可能的纯粹好客，或者一份不可能的纯粹礼物展开的写作。这难道不是一份对不可能之纯粹性的德里达式"怀旧"吗？这个问题为我们带来了一个契机，让我们可以再次，同时也是最后一次对早期德里达和晚期德里达进行比较。在卢梭的思考中，自然的纯粹性被描绘成堕落的对立面，二者的位置占据了一段关系的两个极端。是什么让德里达的著作免于成为对落入文明的哀叹？在这种堕落中，有条件的好客被说成了是纯粹且无条件好客的退化形式。阻止德里达的正是他对后者作为不可能的肯定。

德里达肯定理念是不可能的，其后果则是进步也会随之展露出一种新的姿态。在后期众多的著作中，德里达会提及法律上的"修缮"和"完满性"这类概念，并假设进步会不断被完成：对德里达而言，这是一个过程，他长久以来的努力只是为了向这个过程示爱（Derrida 2001B，100）。完满或理念，以及这个过程的意义并不建立在其示爱者设置的限制点上，进步在达至该点后就会告终；它们同样也不需要预设一种有限的、假设性的视域。就传统的原则来看，完满性包含了持续不断且徐徐累加的进步。可是，如果我们不断获得进步，那么我们进步朝向的那个点不仅会后移，而且还会发生转变。我们怀揣着对进步的信念，以此投身于没有任何保障的转变之中，并期待着一个从不断重构的现在中出现的未来。故而，每一种未来都必须是对另一种未来的期待。德里达写道，"因为民主还是将-来（to come）的……它不仅会处于不明确的完满状态（indefinitely perfectible），并因此而永远是不充分的，永远处于未来，而且由于它属于允诺的时间,它会在其未来时间的每一刻中,永远处于将—来"(Derrida 1997C,306)。

德里达强调完满性的本质必须不断被修正(Borradori 2003,13—14)。完满性总是处于一种"不断进步"的状态之中(Derrida 2002E,26)。因为进步永不止步,所以我们又步入了一个领域,德里达将这个领域形容成转变和他异性,而非一个理念的、固定的、受管制的、原初的或朝向终点的时刻。尽管我们仍然爱着象征进步的完满性,但这份爱必须被彻底重塑。我们不知道自己会进入什么地方,因为这个过程是无止境的。德里达在其晚期思想中提到的完满性和进步因而具备了一种非常独特的状态。这些术语不能被当成(好似是)历史上的一个事件。德里达承认,我们会将社会的改进设想和理解成进步。除了这类被我们着重当成进步的变化,我们也必须设想一种"纯粹的"进步。这是不可能的,因为(单凭这一个原因来说)它会额外在历史中假定一个明确的时刻,而这个时刻从来都无法到来。但是,如果有一种纯粹的进步可以被理论化为不可能,对德里达晚期思想的一次修正就是他所做出的新强调,进步可能会——勉强地——发生。如果它发生了,我们也无法将其确认为进步,我们只能与它处在一种被动的关系中。

回顾德里达自己的种种经历、参加过的活动,以及他写作的语气,这些都清晰地表明了他所呼吁的并不是寂静主义。相反,这种极端的被动性可以被视作某种增补,而非对日常活动的一种代替。我们要做的并不是以"陷入被动"来代替"进入主动",相反,我们应该意识到总会有一些事件、变化、意外和进步的形式,这些形式超出了我们的知识范畴。如果情况并非如此,那么,那些意义非凡的进步的所有形式,将会被还原成我们可以辨认或煽动的东西。和以前一样,德里达会提倡一种对他者的尊重,让我们去尊重那些"萦绕"或困扰我们期待和认同的东西,而非去放弃自己的责任。这便是说:"我必须做到最好",但是,"我"同时也是事件发生和决策完成的地点,对它们而言,"我"是被动的。就这一点来说,我们的乐观精神仅限于:结局会是最好的,而不是最糟的。但在德里达的一些写作中,他强调这个结局也有可能是令人极为不悦的或是极其荒谬的。

德里达关于民主的思考包含了这么一个概念,那便是"勉强地在那儿"(barely there)这一可能性。他在最后一部著作《流氓》中说道,民主的观念总是与自身发生着延迟和差异。我们会期待早期德里达去解构这类对民主的呼吁,期待着他去讨论美国当代政客和公众人物的言论——《流氓》就这么做了。但是联系一下德里达思想中的转向,他在这里是会提醒我们的——民主为一种不可能性所萦绕:萦绕它的是一种"将—来的民主"。在德里达的早期思想中,通过论证民主永远都无法明确地被实现,通过质疑美国借由对"流氓国家"的贬损来提升自我以达至理念化,德里达的介入才有可能被实现。但在其晚期思考中,德里达一边重申这个观点,一边又做出新的介入。虽然他总是在说解构是一种肯定,但是我们愈发清晰地看到,解构就是这样一种合法的东西。将—来的民主并不是一种纯粹的理念,它是一种不可能性,但它也是"勉强可能的"(barely possible)。

故而,不可能性与我们维系着一段重要的、如幽灵般的关系。我们会以各式各样有意义的方式与一种纯粹民主的不可能性共存。我们是否可以确切地假定一种理念形式的不可能性?假若我们对此表示认可,而不是去否认，那么，一种差异的政治生活有可能会出现吗？接着，德里达追加了一些解释。不论是对发生的事情，还是那些尚未发生的事情，我们都是无力掌控的。而且，尽管民主是不可能的，我们也没有权利去说它不会来临。即使它来临了，我们也有可能并不知晓。很有可能的是，它或许不会是我们所期待的东西。对于它的来临，我们或许根本不负有任何的责任，甚至都不知道它已经到来。然而，正如我们无法成为掌控宇宙的人，我们也无法安排民主的最终来临，同样也无法肯定"它永远也不会到来"是否属实。在德里达的早期分析中，一种真正的意外是不可能的，之后他又继续说，一份真正的意外可能——仅仅有可能——发生。从某种程度来说，这也是他自己思考中的一份意外，同时也是对将－来思考的一份允诺。或许，德里达将其视作一种方式，把它嵌入了解构的政治之中，他曾希望我们能将其作为一种反专制的动力。

年 表

1930年　　杰基·德里达于7月15日出生于阿尔及利亚的比阿尔。

1942年　　被本·阿克农中学开除。在德国占领法国时，反犹主义和贝当政策的狂热波及阿尔及利亚：在本·阿克农中学就读的犹太学生的比例被严格地限制在百分之七以内。

1942—1943年

被专门为犹太师生开设的埃米尔—莫帕中学录取。

1948年　　在戈捷高中通过了中学毕业会考*；在阿尔及利

---

* Baccalauréat，法国一年一度的中学毕业会考，通常在中学最后一年举行，只有成功通过者才能进入大学学习。

亚参加了艺术课程*，他为了完成艺术课程而辗转巴黎，并在巴黎展开了进一步的哲学学科研习。

1952—1953 年

在巴黎高等师范学院学习。

1957 年 通过会士考试†，但在此之前的学生生涯麻烦不断：譬如 1942 至 1943 年在学校缺席；1947 年中学毕业会考失利；1949 和 1951 年参加了巴黎高等师范学院的入学考试，均未被录取；1955 年未能通过会士考试，并将其原因归结为神经功能失调和抑郁症；等等。

1957 年 驻留美国，在哈佛大学旁听课程，并与精神分析学家玛格丽特·奥库蒂里耶结婚。

1957—1959 年

服兵役，在阿尔及利亚战争时期于阿尔及利亚获得学校教师的职位。

---

* Hypokhâgne，一门两年制艺术课程的第一年，专门为进入巴黎高等师范学院准备的。

† Agrégation，法国大学为授予会士学位而举行的会士考试，也被称作高校教师资格会考，该考试的课程开设仅限于各大师范院校。在法国，会士考试是对教师专业能力的一种声誉性评判。只有通过这项考试的人才能成为长期聘用的教授，并因此获得更高的薪酬以及压力较低的课程安排。

1962 年	出版了他用法语翻译的埃德蒙·胡塞尔的《几何学起源》。长达100页的译者导言获得了现代认知学领域中的让·卡瓦耶奖。
1963 年	大儿子出生,取名为皮埃尔。
1964 年	在巴黎高等师范学院获得哲学史的教职,直至1984年退休;与此同时,在美国一些大学身兼访问教授的职位,其中包括约翰·霍普金斯大学、耶鲁大学、加州大学(尔湾分校)、康奈尔大学,以及纽约城市大学。
1967 年	二儿子出生,取名为让。出版了三本极为重要的著作:《声音与现象》《论文字学》和《书写与差异》。
1970 年	父亲艾姆·德里达去世。阿尔及利亚获得独立后,其父亲和德里达的家庭移居到了法国尼斯。
1972 年	出版了第二批影响重大的三本著作:《多重立场》《撒播》以及《哲学的边缘》。
1974 年	出版了《丧钟》。
1980 年	在巴黎一大(索邦校区)进行国家博士论文答辩,提交的内容选自他已出版的几本著作。在法国举办了关于他著作的讨论会——"人的终结"。出版了《明信片》。

1981年　在布拉格为抗议学者进行访问授课时被捕（逮捕的名义是一份虚假的控告，说他在进行毒品交易和走私）；在法国前总统弗朗索瓦·密特朗的努力下，于数天后得到释放。

1982年　法国研究与技术部部长给德里达颁布指示，让他牵头成立一个非常规的机构——国际哲学公学院*，该机构服务于那些处于学术机构束缚之外的法国和世界学者，让他们举办一些哲学和跨学科的研讨班。所有人均可参与，但不会授予学位。

1983年　在巴黎的社会科学高研院[†]获得新职务。

1984年　和西尔维亚娜·阿加辛斯基的儿子丹尼尔出生。

1986年　和建筑师伯纳德·屈米、彼得·艾森曼合作（他们在建筑学理论和解构之间建立了联系），一同在巴黎设计了一座大型公园——维莱特公园。

---

* 原文 Collège internationale de philosophie 可能是作者的笔误，此处应该为 Collège international de philosophie。

† École des hautes études en sciences sociales，简称为 EHESS，虽然不算正式的大学，但是可以招收硕士和博士研究生，并向高年级的大学生提供高水平的课程。主要职责是培养学生的科研能力，隶属于法国精英教育的"大学"系统（譬如巴黎高等师范学院、巴黎高等政治学院、巴黎高等艺术学院、法国高等研究实践学院等）。

	其他跨学科的合作：见于 1982 年的电影《幽灵之舞》和 1987 年的录像带作品《游戏》中。
1987 年	出版《绘画中的真理》。在很大程度上介入了一系列论战：鉴于比利时投敌派报纸刊登了保罗·德曼从 1940 至 1942 年的一系列文章，而他自身与德里达为伍并在耶鲁大学和一群解构文学学者结成了帮派，又鉴于维克多·法里亚斯紧接着出版了《海德格尔与纳粹主义》，解构因其与法西斯主义意识形态的关联而受到了众人的恶语诽谤。
1991 年	德里达的母亲若尔热特·德里达逝世。
1992 年	在获得剑桥大学荣誉博士学位的事情上遭受争议。该校的一些成员（以及一小群国际哲学家）对此进行了抗议。德里达在该争议上以 336∶204 的结果赢得了校内的赞同投票。
1994 年	出版《友爱的政治学》。
1999 年	萨法·法特希发行电影《德里达在别处》。
2001 年	在美因河畔法兰克福市获得了西奥多·W. 阿多诺奖。
2002 年	柯比·迪克和艾米·齐尔灵·科夫曼共同发行电影《德里达》。

2004年　　出版《无赖》。

2004年　　10月8日，因胰腺癌逝世，享年74岁。

推荐资料

网站

www.hydra.umn.edu/derrida/

该网站在线提供了众多德里达的重要文本和诸多有益的采访。

电影

Dick, Kirby and Amy Ziering Kofman (2002). *Derrida*.

Fathy, Safaa (1999). *Derrida's Elsewhere*.

采访合集以及圆桌讨论

德里达以采访和圆桌讨论的形式清晰地呈现了他的思考。

Derrida, Jacques（1995）. *Points... Interviews 1974–1994*. Ed. Elisabeth Weber. Trans. Peggy Kamuf et al. Stanford CA, Stanford University Press.

Derrida, Jacques（1997）. *Deconstruction in a Nutshell*. Ed. John D. Caputo. New York, Fordham University Press.

Derrida, Jacques（2002）. *Negotiations: Interventions and Interviews, 1971–2001*. Ed. and trans. Elizabeth Rottenberg. Stanford, CA, Stanford University Press.

Derrida, Jacques and Roudinesco, Elisabeth（2004）. *For What Tomorrow... A Dialogue*. Trans. Jeff Fort. Stanford, CA, Stanford California Press.

传记

至今还未出版过传统意义上的传记，但是我们还是可以阅读杰弗里·本宁顿（Geoffrey Bennington）和德里达共同出版的《雅克·德里达》（*Jacques Derrida*）（1993: Chicago, University of Chicago Press），该书包括德里达自己写的一篇小文章，勉强算得上带有些自传色彩——《巡环自白》。本宁顿展现了德里达的思想，在和德里达的对话中展开了对其生平往事的呈现，其中还包括了一些家庭照，等等。

讣告

关于德里达的众多讣告可以被视作一份令人醍醐灌顶的档案，它包含了众多环绕德里达思想产生的争议，它们被一起收录在：www.hydra.umn.edu/derrida/obits.html。其中的讣告书写者包括以下著名的哲学家：阿克塞尔·霍耐特、尤尔根·哈贝马斯、朱迪斯·巴特勒、艾蒂安·巴利巴尔以及马克·泰勒。在这众多提供了丰富信息的讣告中，理查德·卡尼和托马斯·鲍德温共同撰写的讣告对德里达的思想进行了一次极好的总结，该讣告刊登于《卫报》; 详见，www.iapl.info/NEWS/DERRIDA/GUARDIAN.htm。

"记住德里达"(Remembering Derrida)网站提供了大量链接,通过这些链接,我们可以读到对德里达思想尽显尖酸刻薄的讣告,它刊登在《纽约时报》,并引发了超过 4000 人的签名抗议;详见 www.humanities.uci.edu/ remembering_ jd/

推荐选集

Derrida, Jacques (1991). *A Derrida Reader*. Ed. Peggy Kamuf. New York, Columbia University Press.

德里达导读系列

Gasche, Rodolphe (1986). *The Tain of the Mirror: Derrida and the Philosophy of Reflection*. Harvard, Harvard University Press.

Harvey, Irene (1986). *Derrida and the Economy of Differance*. Bloomington, IN, Indiana University Press.

Howells, Christina (1999). *Derrida: Deconstruction from Phenomenology to Ethics*. Cambridge, Polity.

Royle, Nicholas (2003). *Jacques Derrida*. London,

Routledge.

以上前三者从哲学史的角度对德里达的思想加以阐释；罗伊尔（Royle）则将德里达置于文学研究领域进行阐释。

论德里达思想对伦理和政治的影响

Beardsworth, Richard (1996). *Derrida and the Political*. London, Routledge.

Bennington, Geoffrey (2001). *Interrupting Derrida*. London, Routledge.

Borradori, Giovanna (ed.) (2003). *Philosophy in a Time of Terror: Dialogues with Jürgen Habermas and Jacques Derrida*. Chicago and London, University of Chicago Press.

Critchley, Simon (1992). *The Ethics of Deconstruction: Derrida and Levinas*. Oxford, Blackwell.

Derrida, Jacques (1994). *Specters of Marx: The State of the Debt, the Work of Mourning, and the New*

International. Trans. Peggy Kamuf. New York and London, Routledge.

Derrida, Jacques (2005). *Rogues: Two Essays on Reason.* Trans. Michael Naas and Pascale-Anne Brault. Stanford, Stanford University Press.

Sprinker, Michael (ed.) (1999). *Ghostly Demarcations: A Symposium on Jacques Derrida's Specters of Marx*. London, Verso.

德里达晚期思想（主题包括哀悼、礼物、好客、弥赛亚性）

Caputo, John D. (1997). *The Prayers and Tears of Jacques Derrida*. Bloomington and Indianapolis, Indiana University Press.

Derrida, Jacques and Anne Dufourmantelle, (2000). *Of Hospitality*. Trans. Rachel Bowlby. Stanford, Stanford University Press.

Derrida, Jacques (2001). *On Cosmopolitanism and Forgiveness*. Trans. Mark Dooley and Michael Hughes.

London, Routledge.

Krell, David Farrell (2000). *The Purest of Bastards: Works of Mourning, Art, and Affirmation in the Thought of Jacques Derrida*. University Park, PA, Pennsylvania State University Press.

Naas, Michael (2003). *Taking on the Tradition: Jacques Derrida and the Legacies of Deconstruction*. Stanford CA, Stanford University Press.

Rapaport, Herman (2003). *Later Derrida: Reading the Recent Work*. London, Routledge.

论文学以及文学理论中的解构

Culler, Jonathan (1982). *On Deconstruction: Theory and Criticism After Structuralism*. Cornell, Cornell University Press.

Derrida, Jacques (1992). *Acts of Literature*. Ed. Derrick Attridge. New York and London, Routledge. (An anthology of Derrida's writings on literature, with an excellent interview between Derrida and Attridge, ' "This

Strange Institution Called Literature": An Interview with Jacques Derrida'.)

另详见芭芭拉·约翰逊(Barbara Johnson)和保罗·德曼(Paul de Man)的著作,在众多杰出的解构文学批评家中,二者可以算是代表。

论解构与法律研究

Cornell, Drucilla, Rosenfeld, Michel and Carlson, David Gray (eds.) (1992). *Deconstruction and the Possibility of Justice*. New York and London, Routledge.

论解构与建筑

Wigley, Mark (1993). *The Architecture of Deconstruction: Derrida's Haunt*. Cambridge, MA, MIT Press.

另详见由埃迪·叶吉亚延(Eddie Yeghiayan)编纂的参考书目,与其相关的主题是《后现代主义及以外:

建筑作为当代文化的批判艺术》("Postmodernism and Beyond: Architecture as the Critical Art of Contemporary Culture"),链接:http://sun3.lib.uci.edu/~scctr/hri/postmodern/

解构与后殖民研究

Bhabha, Homi K. (1994). *The Location of Culture*. New York and London, Routledge.

Spivak, Gayatri Chakravorty (1988). *In Other Worlds: Essays in Cultural*. Politics. New York and London, Routledge.

解构与性别及性征研究

Butler, Judith (1991). "Imitation and Gender Insubordination", in *Inside/Out: Lesbian Theories, Gay Theories*. Ed. D. Fuss. New York and London, Routledge: 13–31.

Feder, Ellen K., Rawlinson, Mary C. and Zakin, Emily (eds.) (1997). *Derrida and Feminism: Recasting the Question of Woman*. New York, Routledge.

Holland, Nancy (ed.) (1997) . *Feminist Interpretations of Jacques Derrida*. University Park, PA, Pennsylvania State University Press.

Irigaray, Luce (1985) . *Speculum of the Other Woman*. Trans. Gillian C. Gill. Ithaca, NY, Cornell University Press.

Sedgwick, Eve Kosofsky (1990) . *Epistemology of the Closet*. California, University of California Press.

解构与宗教

Derrida, Jacques (1986) . *The Gift of Death*. Trans. David Wills. Chicago, University of Chicago Press.

Vattimo, Gianni and Derrida, Jacques (eds.)(1998). *Religion*. Trans. David Webb et al. Stanford, CA, Stanford University Press.

解构与哀悼

Derrida, Jacques (1989) . *Memoires for Paul de Man*. Trans. Cecile Lindsay et al. New York, Columbia

University Press.

Derrida, Jacques (2001). *The Work of Mourning*. Ed. Michael Naas. Trans. Pascale-Anne Brault. Chicago, University of Chicago Press.

解构与自传

Derrida, Jacques (1985). *The Ear of the Other: Otobiography, Transference, Translation*. Ed. Christie McDonald. Trans. Peggy Kamuf and Avital Ronell. Lincoln, University of Nebraska.

Derrida, Jacques (1993). "Circumfession", in *Jacques Derrida*. Geoffrey Bennington and Jacques Derrida. Trans. Geoffrey Bennington. Chicago, University of Chicago Press.

Smith, Robert (1995). *Derrida and Autobiography*. Cambridge, Cambridge University Press.

论解构、科学研究和数学

Johnson, Christopher (1993). *System and Writing*

in the Philosophy of Jacques Derrida. Cambridge, Cambridge University Press.

Johnson, Christopher (1998). "Derrida and Science". *Revue Internationale de Philosophie* 52 (205): 477–93.

Norris, Christopher (1997). *Against Relativism: Philosophy of Science, Deconstruction and Critical Theory*. Cambridge, MA, Blackwell.

Plotnitsky, Arkady (1994). *Complementarity: Anti-Epistemology After Bohr and Derrida*. Durham, NC, Duke University Press.

Wilson, Elizabeth (1998). *Neural Geographies: Feminism and the Microstructure of Cognition*. New York, Routledge.

参考书目

Austin, John (1962). *How to Do Things With Words*. Oxford, Clarendon.

Blackstone, William (2001) (first pub. 1755–1758). *Commentaries on the Laws of England*. Ed. W. Morrison. London, Cavendish.

Borradori, Giovanna (ed.) (2003). *Philosophy in a Time of Terror:Dialogues with Jürgen Habermas and Jacques Derrida*. Chicago and London, University of Chicago Press.

Butler, Judith (1999). *Gender Trouble: Feminism and the Subversion of Identity*. New York, Routledge.

Dalton, Clare (1985). "*An Essay on the Deconstruction of Contract Doctrines*". *Yale Law Journal* 94(5): 997–1114.

Derrida, Jacques (1973). "La question du style", *Nietzsche aujourd hui*. Paris, 1018.

Derrida, Jacques (1981A) . *Dissemination*. Trans. Barbara Johnson. Chicago, University of Chicago Press.

Derrida, Jacques (1981B) . "Economimesis" (trans. Richard Klein) . *Diacritics* 11 (2) : 3–25.

Derrida, Jacques (1981C) . *Positions*. Trans. Alan Bass. Chicago, University of Chicago Press.

Derrida, Jacques (1982A) . "Différance", *Margins of Philosophy*. Trans. Alan Bass. Brighton, Sussex, Harvester Press: 1–27.

Derrida, Jacques (1982B) . "Signature Event Context", in *Margins of Philosophy*. Trans. Alan Bass. Brighton, Sussex, Harvester Press: 309–330.

Derrida, Jacques (with Kearney, Richard)(1984). "Deconstruction and the Other", in *Dialogues with Contemporary Continental Thinkers: The Phenomenological Heritage: Paul Ricoeur, Emmanuel Levinas, Herbert Marcuse, Stanislas Breton, Jacques Derrida*. R. Kearney. Manchester, Dover: 107–126.

Derrida, Jacques (1986A) . "But, beyond . . . (Open Letter to Anne McClintock and Rob Nixon" (trans. Peggy Kamuf) . *Critical Inquiry* 13 (Autumn) : 155–170.

Derrida, Jacques. (1986B) . "Declarations of Independence" (trans. Tom Keenan and Tom Pepper) . *New Political Science* 15 (Summer) : 1–15.

Derrida, Jacques (1987) . "Women in the Beehive: A Seminar with Jacques Derrida" (trans. James Adner) , in *Men in Feminism*, eds. Alice Jardine and Paul Smith. New York, Routledge.

Derrida, Jacques (1988) . "Afterword: Toward an Ethic of Discussion" (trans. Samuel Weber) , in *Limited Inc.* Evanston, IL, Northwestern University Press: 111–154.

Derrida, Jacques (1989) . *Memoires for Paul de Man*. Trans. Cecile Lindsay et al. New York, Columbia University Press.

Derrida, Jacques (1992A) . "Force of Law: The 'Mystical Foundation of Authority'" (trans. Mary Quaintance) , in *Deconstruction and the Possibility of Justice*. D. Cornell, M. Rosenfeld and D. G. Carlson. New York and London, Routledge: 3–67.

Derrida, Jacques (1992B) . *Given Time: 1. Counterfeit Money.* Trans. Peggy Kamuf. Chicago and London, University of Chicago Press.

Derrida, Jacques (1992C) . *The Other Heading: Reflection on Today's Europe*. Trans. Michael Naas and Pascale-Anne Brault. Bloomington and Indianapolis, Indiana University Press.

Derrida, Jacques (1993) . "Circumfession" (trans. Geoffrey Bennington) , in *Jacques Derrida*. G. Bennington and J. Derrida. Chicago, University of Chicago Press.

Derrida, Jacques (1994) . *Specters of Marx: The State of the Debt, the Work of Mourning, and the New International*.

Trans. Peggy Kamuf. New York, Routledge.

Derrida, Jacques (1995A). "'A "Madness" Must Watch Over Thinking'", in *Points... Interviews 1974–1994*. Ed. Elisabeth Weber. Trans. Peggy Kamuf. Stanford CA, Stanford University Press: 339–364.

Derrida, Jacques (1995B). "The Rhetoric of Drugs" (trans. Michael Israel), *Points... Interviews 1974–1994*. Ed. Elisabeth Weber. Stanford CA, Stanford University Press: 228–254.

Derrida, Jacques (1997A). *Deconstruction in a Nutshell*. Ed. John D. Caputo. New York, Fordham University Press.

Derrida, Jacques (1997B). *Of Grammatology*. Corrected edition. Trans. Gayatri Chakravorty Spivak. Baltimore and London, Johns Hopkins Press.

Derrida, Jacques (1997C). *The Politics of Friendship*. Trans. George Collins. London, Verso.

Derrida, Jacques (1998A). *Monolinguism of the Other or the Prosthesis of Origin*. Trans. Patrick Mensah. Stanford, CA, Stanford University Press.

Derrida, Jacques (1998B). "Hospitality, Justice and Responsibility: A Dialogue with Jacques Derrida", in *Questioning Ethics: Contemporary Debates in Philosophy*. R. Kearney and M. Dooley. London and New York, Routledge: 65–83.

Derrida, J. (1998C). "Fidélité à plus d'un". *Cahiers Intersignes*

13: 221–265.

Derrida, Jacques（1999A）. "Responsabilité et hospitalité". *Manifeste pour l'hospitalité*. Ed. M. Seffahi. Paris, Paroles d'Aube.

Derrida, Jacques（1999B）. *Sur Parole: instantanés philosophiques*. Paris, Editions de l'aube.

Derrida, Jacques（2000）. "Performative Powerlessness – A Response to Simon Critchley"（trans. James Ingram）, *Constellations* 7 （4）: 466–468.

Derrida, Jacques（2001A）"...（Sarah Kofman 1934–1994）". *The Work of Mourning*. Ed. M. Naas. Trans. Pascale-Anne Brault. Chicago, University of Chicago Press: 165–188.

Derrida, Jacques（2001B）. *Deconstruction Engaged: The Sydney Seminars*. Eds. Paul Patton and Terry Smith. Sydney, Power Publications.

Derrida, Jacques（2001C）. *On Cosmopolitanism and Forgiveness*. Trans. Mark Dooley and Michael Hughes. London, Routledge.

Derrida, Jacques（2002A）. "As If It Were Possible, 'Within Such Limits' ...", in *Negotiations: Interventions and Interviews, 1971–2001*. Ed. and trans. E. Rottenberg. Stanford, CA, Stanford University Press.

Derrida, Jacques（2002B）. "'Dead Man Running': Salut, Salut", in *Negotiations: Interventions and Interviews, 1971–*

2001. Ed. and trans. E. Rottenberg. Stanford, CA, Stanford University Press: 257–292.

Derrida, Jacques（2002C）. "The Deconstruction of Actuality", in *Negotiations: Interventions and Interviews, 1971–2001*. Ed. and trans. E. Rottenberg. Stanford, CA, Stanford University Press: 85–116.

Derrida, Jacques（2002D）. "Nietzsche and the Machine", in *Negotiations: Interventions and Interviews, 1971–2001*. Ed. and trans. E. Rottenberg. Stanford, CA, Stanford University Press: 215–256.

Derrida, Jacques（2002E）. *Ethics, Institutions and the Right to Philosophy*. Trans. Peter Pericles Trifonas. Lanham, ML, Rowman and Littlefield.

Derrida, Jacques（2005）. *Rogues: Two Essays on Reason*. Trans. Michael Naas and Pascale-Anne Brault. Stanford CA, Stanford University Press.

Derrida, Jacques and Dufourmantelle, Anne（2000）. *Of Hospitality*. Trans. Rachel Bowlby. Stanford, CA, Stanford University Press.

Derrida, Jacques and McDonald, Christie V.（1997）. "Choreographies: Interview"（trans. Christie V. McDonald）, in *Feminist Interpretations of Jacques Derrida*. N. Holland. University Park, PA, Pennsylvania State University Press: 23–42.

Derrida, Jacques and Roudinesco, Elisabeth（2004）. *For What*

Tomorrow... A Dialogue. Trans. Jeff Fort. Stanford, CA, Stanford California Press.

Derrida, Jacques and Stiegler, Bernard (2002) . *Echographies of Television*. Trans. Jennifer Bajorek. London, Polity.

Habermas, Jürgen (1971) . *Knowledge and Human Interests*. Trans. Jeremy Shapiro. Boston, Beacon Press.

Halley, Janet E. (1999) . *Don't: A Reader's Guide to the Military's Anti-Gay Policy*. Durham: Duke University Press.

Jardine, Alice (1985) . *Gynesis: Configuration of Woman and Modernity*. Ithaca, Cornell University Press.

Johnson, Christopher (1993) . *System and Writing in the Philosophy of Jacques Derrida*. Cambridge, Cambridge University Press.

Kennedy, Duncan (1979) . "The Structure of Blackstone's Commentaries" . *Buffalo Law Review* 28: 205–382.

McLemee, Scott (2004) . "Derrida, A Pioneer of Literary Theory, Dies" . *The Chronicle of Higher Education* 51 (9) : available at http://chronicle.com/free/v51/i09/09a00101.htm

Nancy, Jean-Luc (1991) . *The Inoperative Community*. Trans. Peter Connor et al. Minnesota, University of Minnesota Press.

Plotnitsky, Arkady (1994) . *Complementarity: Anti-Epistemology After Bohr and Derrida*. Durham, NC, Duke University Press.

Rancière, Jacques (1998) . *Disagreement: Politics and Philosophy*. Trans Julie Rose. Minnesota, University of

Minnesota Press.

Saunders, George (2004). "My Amendment". *The New Yorker*. 8 March: 38–41.

Saussure, Ferdinand de (1974). *A Course in General Linguistics*. Trans. Wade Baskin. London, Fontana/Collins.

Searle, John (1983). "The Word Turned Upside Down". *New York Review of Books*. 27 October: 79.

Spivak, Gayatri Chakravorty (1989). "Feminism and Deconstruction, Again: Negotiating With Unacknowledged Masculinism". *Between Feminism and Psychoanalysis*. Ed. T. Brennan. London, Routledge.

Spivak, Gayatri Chakravorty (1994). "Responsibility". *Boundary 2* 21 (3): 19–64.

Spivak, Gayatri Chakravorty (2004). "Righting Wrongs". *The South Atlantic Quarterly* 103 (2/3): 523–581.

Welleck, René (2005). "Destroying Literary Studies", in *Theory's Empire: An Anthology of Dissent*. Ed. D. Patai and N. Corral. New York, Columbia University Press. First published in *The New Criterion* 2 Dec. 1983: 1–8.

Wilson, Elizabeth (1998). *Neural Geographies: Feminism and the Microstructure of Cognition*. New York, Routledge.

Young, Iris Marion (1991). *Justice and the Politics of Difference*. Princeton, Princeton University Press.

索 引

（译名后的数字为原书页码，即本书边码）

Abu-Jamal, Mumia 阿布-贾迈勒, 穆米亚 21
Algerian politics 阿尔及利亚政策 7
Allen, Woody 艾伦, 伍迪 101
apology 道歉 80—81
archi-writing 原书写 11
Aristotle 亚里士多德 6, 7
Austin, John 奥斯汀, 约翰 56—61
Australia 澳大利亚
　indigenous peoples land rights 本土民族的土地权 83
　British right to 与英国的权利 90
Bangladeshi Flood Action Plan 孟加拉国洪水诉讼计划 84—85
Benjamin, Walter 本雅明, 沃尔特 102
Bhabha, Homi 巴巴, 霍米 82, 84
Blackstone, Sir William 布莱克斯通, 威廉爵士 93
Butler, Judith 巴特勒, 朱迪斯 xii, 50—51
"Choreographies" (Derrida)《编舞》（德里达） 48
"Circumfession" (Derrida)《巡环自白》（德里达） 46
colonization 殖民 15—26

postcolonial theory 后殖民理论 82—88
  and state foundation 与政权的建立 90—92
communication 交流 54—64
  and technology 与技术 61—63
communities 共同体
  and communication 与交流 54—55，62—63
  and technology 与技术 61
  unity of 的统一 63—64
consciousness 意识 13
contract law 合同法 92—93
Cornell, Drucilla 康奈尔，德鲁西拉 xii
culture 文化
  as colonization 作为殖民 18
  cultural difference 文化差异 82—85
  cultural identity 文化身份 15—26，45—47
Dalton, Clare 多尔顿，克莱尔 92—93，94
decision-making 决策 99，102—103
"Declarations of Independence" (Derrida)《诸多独立宣言》（德里达）91—92
Deconstructing Harry (film)《解构爱情狂》（电影）101
deconstruction 解构
  cultural influence 文化影响 ix
  definitions 定义 xii，4—7
  and intervention 与干预 20—21，23—24
  origin of term 术语起源 5
  as a tool 作为一种工具 20
Deconstruction in a Nutshell (Derrida)《简括解构》（德里达）6
deferral 延后 41—43
democracy 民主 6—7，100，109，110—111
Derrida, Jacques 德里达，雅克
  authorial voice 作者的声音 43—44
  biography 传记 ix—xi，46，113—115
  and politics 与政治 20—21
différance 延异
  definition 定义 29—31
  and gender 与性别 48
Dissemination (Derrida)《撒

播》（德里达）1—2，12，44，70
drag artists 变装艺术家 51
drugs 毒品 2—4
Emile（Rousseau）《爱弥儿》（卢梭）39
European politics 欧洲政治 46—47
events, pure 事件，纯粹 103—108
existentialism 存在主义 47
family values 家庭价值 41—43
feminism 女权主义 47—53
For What Tomorrow . . . A Dialogue（Derrida and Roudinesco）《明天为何……一场对话》（德里达与鲁迪内斯克）104
"Force of Law"（Derrida）《法律效力》（德里达）89，97—98，102
forgiveness 原谅 79—80，106—107
France 法国
　'Declaration of the Rights of Man and of the Citizen' 《人权宣言》92
　immigration policy 移民政策 67—69，74—76
gender 性别 47—53
　and the law 与法律 93
genetic research 基因研究 101
gift 礼物 77—79，96—97
Given Time: 1. Counterfeit Money（Derrida）《被给予的时间：1.反金钱》（德里达）77—79
Habermas, Jürgen 哈贝马斯，尤尔根 55—56
Halley, Janet E. 哈利，珍妮特 94
Heidegger, Martin 海德格尔，马丁 5，102
homosexuality 同性恋
　and deferral 与延后 41—43
　drag artists 变装艺术家 51
　and the law 与法律 93
　same-sex marriages 同性婚姻 56—57，61
hospitality 好客 65—71，73—74，81，105
"Hospitality, Justice and Responsibility"（Derrida）《好客、正义与责任》（德里达）65—67
How To Do Things With Words

（Austin）《如何以言行事》(奥斯汀) 56—61

Husserl, Edmund 胡塞尔,埃德蒙 x, 66, 67, 102

ideals 理念 1—2, 13, 69—76, 81, 108—111

 Plato's ideal forms 柏拉图的理念之相 2, 13

 see also purity 另见纯粹性

identity 身份/同一性

 cultural 文化的 15—26, 45—47

 and différance 与延异 29—31

 gender 性别 48—53

 and otherness 与他者性 70—74

 personal 个人 15—26, 45—47

immigration 移民 65, 67—69, 74—76, 81—82

impossibility 不可能性 69—76, 78, 111

the impossible happening 不可能发生 105—106

India 印度

 colonial 殖民 84

 literacy programmes 扫盲计划 86—88

International Parliament of Writers 国际作家议会 20

intervention 介入 20—21, 23—24

invagination 入鞘 59

Irigaray, Luce 伊里加雷,吕斯 50, 52—53

Johnson, Christopher 约翰逊,克里斯托弗 36

Julie, or the New Héloise (Rousseau)《新爱洛伊丝》(卢梭) 39

justice 正义 89—99, 102

 as distinct from the law 作为法律的一种独特形式 94—95

Kamuf, Peggy 卡穆夫,佩姬 ix

Kant, Immanuel 康德,伊曼努尔 67

Kennedy, Duncan 肯尼迪,邓肯 90, 94

knowing, act of 知晓,的行为 12—13

knowledge, Plato on 知识,柏拉图论 12

Kofman, Sarah 科夫曼,莎拉 106—107

Language 语言

authenticity of speech and writing 言语与书写的本真性 7—14, 32—33
　and communication 与交流 54—64
　cultural ownership of 的文化所有权 15—20
　and materiality 与物质性 34—36
　signs and meaning 符号与意义 29—34
learning, rote 学习，机械
　as an educational tool 作为一种教育工具 86—88
　Plato on 柏拉图论 12
legal authority 合法权威 89—99, 102
　pardons 赦免 79—80
Lévi-Strauss, Claude 列维-斯特劳斯，克劳德 28
Levinas, Emmanuel 列维纳斯，伊曼努尔 66—67, 102
Limited Inc（Derrida）《有限公司》（德里达）54—55, 56
Margins of Philosophy（Derrida）《哲学的边缘》（德里达）59—60
materiality 物质性 34—36

maternity 母性 5
meaning 意义 29—34
Memoires for Paul de Man（Derrida）《记住保罗·德曼》（德里达）71
messianicity and messianism 弥赛亚性与弥赛亚主义 66, 72—73, 102
Mitterand, François 密特朗，弗朗索瓦 74—75, 114
Monolinguism of the Other（Derrida）《他者的单一语言主义》（德里达）15—19
mourning 哀悼 71—72
Nancy, Jean-Luc 南希，让-吕克 64
nations *see* states 民族/国家见政权
nature: Rousseau on 自然：卢梭论 39—41
negotiation 斡旋 82—88
Norris, Christopher 诺里斯，克里斯托弗 36
Of Grammatology（Derrida）《论文字学》（德里达）27—29, 37—41, 48
Of Hospitality（Derrida）《论好客》（德里达）67

origins 原初 34, 43

The Other Heading（Derrida）《另一个航向》（德里达）45—47

otherness 他者性 4, 66—67, 70—76, 107—108

pardons 谅解 79—80, 106—107

perfectibility 完满性 108—111

performativity 施为性 58

Phaedrus（Plato）《斐德若篇》（柏拉图）8—10

pharmakon 药 1, 8, 70

phenomenology 现象学 66

Plato 柏拉图
 and deconstruction 与解构 6
 and ideal forms 与理念之相 2, 13
 on speech and writing 论言语与书写 7, 8—10, 11, 12—13, 70
 as voiced by Derrida 被德里达模仿语调说话 44

pluralism and plurality 多元主义与多元性 22

Politics 政治
 Algerian 阿尔及利亚 7
 and Derrida 与德里达 20—21
 European 欧洲 46—47
 identity 身份 47
 postcolonial 后殖民 82—88
 sexual 性 47—53

The Politics of Friendship（Derrida）《友爱的政治学》（德里达）52—53

Positions（Derrida），《多重立场》（德里达）24—25

postcolonial theory 后殖民理论 82—88

privacy, and the law 私人性，与法律 93

progress 进步 108—110

promises 允诺 56—58

psychology 心理学 101

purity 纯粹性 1—5, 13, 66, 108—111

racism 种族歧视 25—26

Rancière, Jacques 朗西埃，雅克 64

religion: messianicity and 宗教：弥赛亚性与
 messianism 弥赛亚主义 66, 72—73, 102

repli 叠褶 40, 43

responsibility 责任 47, 82—

88, 110

Rideau, Wilbert 里多，威尔伯特 8, 9

Rocard, Michel 罗卡尔，米歇尔 68—69, 70, 76

Rogues（Derrida）《无赖》（德里达）7, 110—111

Rousseau, Jean-Jacques 卢梭，让-雅克 28, 38—41, 54—55, 108

Saussure, Ferdinand de 索绪尔，费尔迪南·德 28, 29—30, 32—33

Searle, John 塞尔，约翰 16

secondarity 从属性 13

sexual politics 性政治 47—53

sexuality, and deferral 性存在，与延后 41—43

signs 符号 29—33

The Social Contract（Rousseau）《社会契约论》（卢梭）39

South Africa: apartheid regime 南非：种族隔离政权 91

speech 言语
 authenticity of 的本真性 7—11, 32—33
 as writing 作为书写 11

speech acts 言语行为 56—60

Spivak, Gayatri Chakravorty 斯皮瓦克，加亚特里·查克拉沃蒂 82—83, 84—88

states 政权
 legitimacy 合法性 90—92
 unity 统一 21

supplements 增补 37—43

Sur Parole（Derrida）《论言语》（德里达）46

surrogate pregnancies 代孕 5

technology, and communication 技术，与交流 61—63

text: definition 文本：定义 33, 34

trials, legal 审判，法律 8, 9

undecidables: definition 未决之物：定义 38

USA: declaration of independence 美国：独立宣言 91—92

Verwoerd, H. F. 维沃尔德，亨·弗 91

violence, legitimate and illegitimate 暴力，合法的与非法的 90

Wellek, René 韦勒克，勒内 xi
Wilson, Elizabeth 威尔逊，伊丽莎白 36, 101
"Women in the Beehive"（Derrida）《蜂窝里的女人们》（德里达）48
writing 书写
  authenticity of 的本真性 7—14, 32—33, 70
  generalized 一般化 11—12
  literal 字面意义的 11, 12
Young, Iris Marion 杨，艾利斯·玛丽昂 64

图书在版编目（CIP）数据

如何阅读德里达 /（美）佩内洛普·多伊彻著；夏开伟译 . —北京：北京联合出版公司 , 2021.10
ISBN 978-7-5596-5495-3

Ⅰ . ①如… Ⅱ . ①佩… ②夏… Ⅲ . ①后现代主义－研究 Ⅳ . ① B089

中国版本图书馆 CIP 数据核字（2021）第 183985 号

北京市版权局著作权合同登记号：01-2021-4837

如何阅读德里达

作　　者：	[美]佩内洛普·多伊彻
译　　者：	夏开伟
出 品 人：	赵红仕
策划机构：	明　室
策划编辑：	赵　磊
责任编辑：	徐　樟
特约编辑：	赵　磊　林小慧
装帧设计：	山川制本 @Cincel

北京联合出版公司出版
（北京市西城区德外大街 83 号楼 9 层　100088）
北京联合天畅文化传播公司发行
北京市十月印刷有限公司印刷　新华书店经销
字数 105 千字　787 毫米 ×1092 毫米　1/32　7.25 印张
2021 年 10 月第 1 版　2021 年 10 月第 1 次印刷
ISBN 978-7-5596-5495-3
定价：45.00 元

版权所有，侵权必究
未经许可，不得以任何方式复制或抄袭本书部分或全部内容
本书若有质量问题，请与本公司图书销售中心联系调换。
电话：（010）64258472-800

How to Read Derrida
Copyright © 2005 by Penelope Deutscher
Originally published in English by Granta Publications
Simplified Chinese edition copyright
© 2021 by Shanghai Lucidabooks Co., Ltd.
All rights reserved